# MADE IN GERMANY

Du même auteur

*L'entreprise efficace, la seconde vie du taylorisme*, Paris, La Découverte, 2000
*Le libéralisme n'a pas d'avenir*, Paris, La Découverte, 2003
*Sommes-nous des paresseux ? ...et 30 autres questions sur la France et les Français*, Paris, Le Seuil, 2008
*La France d'après. Rebondir après la crise*, Paris, Les Petits Matins, 2011

*GUILLAUME DUVAL*

# MADE IN GERMANY

Le modèle allemand au-delà des mythes

ÉDITIONS DU SEUIL
25, bd Romain-Rolland, Paris XIV<sup>e</sup>

ISBN 978-2-02-109779-5

© Éditions du Seuil, janvier 2013

Le Code de la propriété intellectuelle interdit les copies ou reproductions destinées à une utilisation collective. Toute représentation ou reproduction intégrale ou partielle faite par quelque procédé que ce soit, sans le consentement de l'auteur ou de ses ayants cause, est illicite et constitue une contrefaçon sanctionnée par les articles L. 335-2 et suivants du Code de la propriété intellectuelle.

www.seuil.com

Introduction

# Un modèle, sans doute, mais lequel ?

Comme tous les pays qui doutent d'eux-mêmes, nous raffolons des « modèles ». Il y eut ainsi la mode du modèle japonais dans les années 1980. Mais le krach du début des années 1990 en a fait passer le goût, même si les mangas sont désormais solidement installés dans notre paysage culturel. Il y eut ensuite, dans les années 1990, un puissant engouement pour le modèle américain, avec ses fonds de pension, sa Silicon Valley et ses startups. Mais Enron et George W. Bush ont calmé les ardeurs françaises et avec les crédits *subprime* et Lehman Brothers, il ne viendra sans doute plus avant longtemps à personne l'idée de copier nos amis américains. Nous avons connu aussi à d'autres moments une mode du modèle danois ou encore néerlandais. Enfin, il y aura sans doute un jour une vogue du modèle chinois, même si le « communisme de marché » reste pour l'instant, et restera sans doute encore un certain temps, peu enviable...

Mais le pays avec lequel nous nous comparons le plus et qui nous sert le plus régulièrement de « modèle », c'est incontestablement l'Allemagne. Depuis que nos voisins ont réussi un *come back* extraordinaire après la Seconde Guerre mondiale et se sont mis à nous damer le pion, tant du côté de l'industrie que de la monnaie, l'envie nous prend à intervalles réguliers de copier les caractéristiques supposées expliquer les succès de notre grand voisin. Avant la vague actuelle, c'est dans les années 1980 que l'Allemagne nous avait le plus fortement inspiré, au moment où la France avait décidé de tordre définitivement le cou à l'inflation. En 1991, le livre *Capitalisme contre capitalisme* de Michel Albert[1] avait probablement marqué le point culminant de cette fascination.

Mais, à ce moment-là, la tentation était aussi très forte, au sein des élites françaises, de céder plutôt aux charmes du modèle anglo-saxon : c'était la grande époque de Bernard Tapie, et Jacques Chirac se voyait alors comme le Thatcher français. Au début des années 1990, le modèle allemand servait plutôt d'antithèse à ce projet de faire enfin entrer la France dans la « modernité » du capitalisme dérégulé. Michel Albert s'appuyait sur les succès de notre voisin pour prôner un financement de l'économie laissant peu de place aux marchés financiers ou encore donner davantage de pouvoir aux syndicats dans les entreprises et dans la société. Après la récession de 1993, la référence au modèle anglo-saxon s'était cependant imposée. Cette domination a duré une quinzaine d'années et son sommet a été atteint avec la victoire en 2007 de Nicolas Sarkozy, « l'Américain », même si les réalisations n'ont (heureusement) pas été à la hauteur des enthousiasmes de tribune.

Depuis la fin des années 2000, le modèle allemand a fait cependant un retour spectaculaire dans le débat français. Mais, cette fois, la référence prend un sens à peu près diamétralement opposé à celui qu'elle avait il y a vingt ans. Il ne s'agit plus de s'appuyer sur le « modèle allemand » pour

---

1. Michel Albert, *Capitalisme contre capitalisme*, Paris, Éditions du Seuil, 1991.

défendre un capitalisme mieux régulé, mais, au contraire, de prendre prétexte du prétendu succès des « réformes » antisociales menées par le chancelier social-démocrate Gerhard Schröder au début des années 2000 pour justifier la baisse des salaires et le démantèlement de l'État-providence en France et en Europe. C'est le « modèle allemand » qui est désormais censé nous faire avaler ce que la référence au modèle anglo-saxon, démonétisé par les frasques de ses financiers, n'avait pas encore réussi à nous imposer jusque-là. L'histoire offre parfois des retournements saisissants...

Mais, en réalité, c'est toujours Michel Albert qui a raison. Les succès de l'économie allemande restent liés surtout à des caractéristiques structurelles qui ont peu à voir avec les réformes tant vantées de Gerhard Schröder : valorisation de l'industrie et système de formation qui ne vise pas simplement à dégager une élite par l'échec des autres, pays décentralisé au territoire assez équilibré, poids déterminant des corps intermédiaires et notamment des syndicats de salariés dans les entreprises et les branches. Pour produire le rebond récent de l'industrie allemande, ces points forts structurels se sont combinés à des facteurs plus conjoncturels, qui ne doivent pas grand-chose non plus à l'ancien chancelier social-démocrate : absence de bulle immobilière liée au début du recul de la population allemande, succès de l'« OPA » sur les pays d'Europe centrale et orientale qui a dopé la compétitivité-coût des produits germaniques et décollage spectaculaire des pays émergents dont la demande est en phase avec les spécialisations traditionnelles du pays dans les biens d'équipements et les voitures de luxe. Il est au contraire probable – c'est en tout cas la thèse de ce livre – que l'action de Gerhard Schröder ait plutôt fragilisé à terme l'économie et la société allemandes en permettant que s'y répandent la pauvreté et les inégalités et en freinant la modernisation de ses infrastructures collectives.

Mais, évidemment, pour pouvoir s'en rendre compte, encore faut-il connaître *réellement* l'Allemagne, sa société, son économie et son histoire. Or, ce qui est particulièrement frappant dans les débats actuels, c'est de constater combien le « modèle allemand » fait l'objet d'une instrumentalisation propagandiste qui n'a que faire des réalités. Cette mauvaise foi des thuriféraires actuels du « modèle allemand » ne peut cependant fonctionner que parce qu'elle s'appuie sur l'ignorance profonde et probablement croissante des Français au sujet de l'Allemagne. Nos sociétés se sont en réalité plus éloignées que rapprochées au cours des dernières décennies : les Français comme les Allemands qui pratiquent l'autre langue et l'autre culture sont devenus nettement moins nombreux et le baragouinage commun en mauvais anglais ne permet absolument pas de combler cette lacune. C'est la raison pour laquelle, au-delà de l'analyse circonstanciée des politiques menées en Allemagne depuis la réunification, cet ouvrage cherchera aussi à donner au public français des clés de compréhension plus structurelles sur l'économie et de la société allemandes.

Ce qui contribuera, je l'espère, à sortir enfin le débat sur le « modèle allemand » de l'instrumentalisation où veulent l'enfermer ceux qui mènent avec tant d'ardeur le combat en faveur du moins-disant social en France et en Europe.

# 1
# Le modèle allemand ne date pas de Schröder

Les McDo allemands et français se ressemblent comme deux gouttes d'eau, les magasins de hard-discount Lidl ont envahi nos zones commerciales et les concessions Renault quadrillent le territoire allemand. Pourtant, on change toujours de monde lorsqu'on franchit le pont de l'Europe qui relie Strasbourg à l'Allemagne. Pouvoir au sein de l'entreprise, relations entre les entreprises elles-mêmes, organisation du territoire national, et pas seulement au niveau institutionnel, école et diplômes, rapports hommes-femmes, rapports au reste du monde ou encore rôle de l'État dans l'économie : les profondes différences héritées de l'histoire continuent de marquer de façon déterminante nos sociétés et nos économies. Et elles expliquent beaucoup plus les succès actuels de l'industrie allemande que les réformes de Gerhard Schröder.

## 1.1. Il n'y a (heureusement) pas de Paris allemand

L'Allemagne, contrairement à la France, est un pays décentralisé dont les territoires n'ont jamais été entravés dans leur développement économique par le poids écrasant d'une capitale qui concentre tous les pouvoirs et tous les moyens.

C'est sans doute un des aspects les plus connus des différences structurelles entre nos deux pays.

Pour autant, ses conséquences ne sont pas toujours correctement appréciées : cette différence ne se résume pas à une simple question d'organisation institutionnelle qu'il suffirait d'ajuster pour corriger les handicaps actuels de l'Hexagone. Le mal est (malheureusement) beaucoup plus profond : le capital humain, culturel, financier, qui est aujourd'hui encore assez équitablement réparti sur tout le territoire allemand, a déserté depuis longtemps nombre de villes et régions françaises. Et il ne suffira(it) pas de donner davantage de pouvoir aux maires ou aux conseils régionaux pour qu'il revienne et nourrisse un développement territorial plus équilibré…

*Une unification tardive*

L'histoire qui explique cette différence fondamentale entre nos deux pays est connue. Il nous faut cependant la rappeler brièvement. L'Allemagne est un des derniers pays d'Europe à avoir réalisé son unification sous la forme d'un État-nation : la fin de ce processus n'est intervenue qu'en 1871, dix ans après l'unification italienne pourtant elle-même tardive. L'événement eut lieu très symboliquement dans la galerie des Glaces du château de Versailles à l'issue de la guerre victorieuse menée contre la France de Napoléon III par les armées allemandes sous la direction du roi de Prusse Guillaume I$^{er}$ et de son chancelier Otto von Bismarck. Guerre qui se traduisit en particulier par l'annexion de l'Alsace et de la Lorraine par l'Allemagne nouvellement créée.

Il n'est évidemment pas indifférent pour la suite des relations compliquées entre nos deux pays que cette unification ait couronné la victoire militaire sur la France d'un royaume, la Prusse, qui avait pris notre pays comme modèle depuis le XVIII$^e$ siècle. En effet, les rois de Prusse enviaient le faste et la puissance du monarque absolu français tout en étant fascinés également par Voltaire et les Encyclopédistes. Contrairement à la perception qui domine aujourd'hui, l'Allemagne s'est en effet très longtemps sentie « en retard » sur la France, du fait notamment de l'absence d'une bourgeoisie éclairée comme celle qui avait été à l'origine du rayonnement extraordinaire des Lumières à la fin du XVIII$^e$ siècle. D'où un comportement très ambivalent en Allemagne, mêlant admiration et haine, à l'égard de la Révolution française et de son prolongement immédiat, le premier Empire de Napoléon Bonaparte, dont les troupes dévastèrent l'Allemagne à plusieurs reprises au cours de la petite dizaine d'années où elles la tinrent sous leur joug. Une ambivalence illustrée notamment par les géants allemands de la littérature comme Goethe ou Heine.

L'unification allemande fut d'ailleurs largement une réaction à cette humiliation et la victoire de 1871 une revanche sur les guerres napoléoniennes et les quelque 3 millions de morts, dont un nombre indéterminé mais élevé d'Allemands, qu'elles avaient causés dans une Europe qui ne comptait alors que 165 millions d'habitants (y compris la Russie). Cette période est aujourd'hui largement oubliée dans l'Hexagone : les Français se perçoivent au contraire comme les victimes récurrentes de l'impérialisme allemand après le cycle de soixante-quinze ans de conflits ouvert par la guerre de 1871 qui a fait (provisoirement) de l'Allemagne et des Allemands nos ennemis héréditaires, en lieu et place des Anglais qui avaient tenu jusque-là ce rôle avec beaucoup de constance depuis la guerre de Cent Ans. Le souvenir des guerres napoléoniennes reste en revanche vivace en Allemagne où on perçoit toujours *a priori*, aujourd'hui encore, les initiatives françaises, notamment en matière d'organisation de l'Union européenne ou de la zone euro, comme une tentative de rétablir le joug napoléonien sur l'Europe. Cela se matérialise notamment par l'usage régulier (et ironique) dans la presse allemande de l'expression « la grande Nation » (en français dans le texte) pour désigner notre pays. Une expression introduite en Allemagne par Goethe en 1795, mais totalement inusitée en France.

### *Le* Zollverein, *modèle de la construction européenne*

Toujours est-il, donc, qu'avant 1871 les dizaines de principautés de statuts divers qui formeront ensuite l'Allemagne étaient restées pendant plusieurs siècles rassemblées dans le cadre du Saint-Empire romain germanique. Un ensemble politique, dont les liens étaient très lâches, dominé par la dynastie des Habsbourg, l'empereur d'Autriche-Hongrie. C'est Napoléon Bonaparte qui avait porté le coup de grâce à cette construction obsolète en exigeant sa dissolution par le traité de Presbourg de 1806 qui fit suite à sa victoire à Austerlitz. Par la suite les États allemands (sans l'Autriche) formèrent en 1834 un *Zollverein*, une union douanière autour de la Prusse, puissance montante dans la sphère germanique. L'unité allemande s'est ainsi construite sur un modèle très proche finalement de celui mis en œuvre en Europe à partir du traité de Rome en 1957 : le *Zollverein* visait en effet à unifier le marché intérieur allemand en harmonisant les règles douanières et fiscales.

Il y eut ensuite une première tentative d'unification politique dans le contexte du Printemps des peuples, la vague de révolutions démocratiques qui balaya toute l'Europe en 1848. Une assemblée fut réunie à Francfort dans la Pauluskirche et elle établit alors une première Constitution. Mais cette initiative fut refusée par le roi de Prusse et les princes allemands, qui voulaient certes unifier l'Allemagne, mais certainement pas dans un cadre démocratique et parlementaire inspiré de la Révolution française. Elle fut étouffée dans l'œuf par la contre-révolution qui ensanglanta alors le Vieux Continent. Il fallut attendre ensuite l'affaiblissement définitif de l'Autriche suite à l'unification italienne et à la guerre perdue contre la Prusse en 1866 pour que celle-ci parvienne à parachever l'unité allemande sous sa direction à l'occasion de la guerre franco-allemande de 1870-1871.

Le *Kaiser*, le césar, titre que prit alors le roi de Prusse porté à la tête du nouveau Reich allemand, dirigeait cet État de façon autoritaire et modérément démocratique (le parti social-démocrate sera notamment interdit de 1878 à 1890). Il s'efforça certes de centraliser son nouveau pays, mais il n'eut guère le temps d'aller bien loin dans cette direction avant la guerre de 1914-1918, qui va sonner le glas de son régime (et permettre le retour de l'Alsace-Lorraine à la France).

La République de Weimar mise en place après la défaite allemande est faible et hors d'état de promouvoir une centralisation quelconque. Ses dirigeants doivent en permanence faire face à l'urgence économique dans un pays exsangue et ruiné par les réparations colossales exigées par les Alliés victorieux. Une politique stupide, imposée, rappelons-le, par les dirigeants français de l'époque dans le cadre du traité de Versailles (nous l'avons généralement oublié, mais les Allemands eux s'en souviennent davantage), malgré les avertissements prémonitoires de l'économiste anglais John

Maynard Keynes et les réticences du président américain Woodrow Wilson. À peine remise de l'hyperinflation de 1923[1], la République de Weimar doit faire face aux conséquences de la crise de 1929. Comme chacun sait (bien qu'on semble l'avoir oublié actuellement), du fait de la montée massive du chômage due aux politiques d'austérité menées alors en Allemagne, comme en France et en Angleterre, elle n'y résista pas et Adolf Hitler prit le pouvoir en 1933. Mais, même lui, Autrichien d'origine, qui avait fait ses classes politiques en Bavière, ne misa pas uniquement sur Berlin : il organisa par exemple les « grandes messes » du parti nazi à Nuremberg en Bavière et non dans la capitale du Reich. Et, de toute façon, la guerre extérieure mobilisera rapidement toute l'attention et les ressources de son régime.

## *La République, un État décentralisé*

Après la Seconde Guerre mondiale, l'Allemagne est de nouveau amputée d'une part substantielle de son territoire avec la perte de la Prusse-Orientale et l'établissement de la frontière avec la Pologne sur la ligne Oder-Neisse. Mais, surtout, elle se trouve rapidement divisée en deux États correspondant d'une part aux zones d'occupation des puissances occidentales (États-Unis, France, Royaume-Uni) et d'autre part à la zone d'occupation soviétique. Dans ce contexte, l'ancienne capitale, Berlin, elle-même divisée entre Berlin-Ouest et Berlin-Est, se trouve enclavée en pleine zone d'occupation russe. En 1949, la zone d'occupation des pays occidentaux devient la République fédérale d'Allemagne. Même s'ils veulent absolument réunifier à

---

1. Voir p. 54.

terme le pays, les Allemands de l'Ouest eux-mêmes n'ont aucune envie de se doter d'un État central fort, après deux guerres mondiales qui ne leur ont apporté que ruines et morts. Et les puissances d'occupation ne veulent de toute façon pas entendre parler de la reconstruction d'un État allemand puissant, susceptible de déclencher un jour de nouveaux troubles en Europe. La nouvelle entité fait donc une large place aux dix *Länder* qui constituent alors cette République fédérale en leur reconnaissant d'importantes prérogatives, notamment en matière d'éducation, ainsi qu'un pouvoir étendu de blocage des régulations fédérales à travers leur représentation au sein du *Bundesrat*, le Sénat allemand, dont l'accord est indispensable dans de nombreux domaines en matière législative. Significativement, la capitale du nouvel État est installée dans une ville secondaire, Bonn (320 000 habitants), située le long du Rhin entre Cologne et Coblence, qui n'avait jusque-là joué aucun rôle dans l'histoire allemande.

En 1989 la chute du mur de Berlin et la décomposition du bloc soviétique rendent possibles la réunification allemande. Celle-ci se réalise, en pratique, en intégrant purement et simplement les territoires de l'Est au sein de l'organisation préexistante de la République fédérale qui compte désormais seize *Länder*. Principale différence : Berlin redevient la capitale de l'Allemagne. Sur le plan des relations franco-allemandes, ce n'est pas cependant une différence mineure : au lieu d'être située à 200 km de la frontière française, la capitale allemande se trouve désormais à 800 kilomètres (et à 100 kilomètres en revanche de la frontière polonaise). Le centre de gravité politique du pays a basculé par la même occasion de l'ouest du continent vers l'Europe centrale et de la

Rhénanie catholique vers la Prusse protestante. Un passage de relais illustré par le fait qu'Angela Merkel, fille de pasteur du Brandebourg, la région qui entoure Berlin, a succédé à Helmut Kohl, originaire de Ludwigshafen en Rhénanie-Palatinat, à la tête de la CDU, le parti chrétien-démocrate.

*Pas seulement une affaire d'institutions*

Bref, les rois de France avaient déjà consacré quelque six cents ans à rogner les ailes de leurs nobles et à centraliser pouvoirs et richesses à Paris avant de passer le relais à Napoléon Bonaparte et aux républicains qui ont continué cette œuvre avec beaucoup d'énergie pendant quasiment deux cents ans de plus. Tandis que les Kaisers allemands n'ont guère pu consacrer à ce travail que quarante-trois années entre 1871 et 1914... Guère plus que les quelque quarante années que nous venons de passer à essayer – timidement – d'inverser la vapeur en décentralisant l'organisation des pouvoirs en France. Paradoxalement, ce qui fut longtemps perçu comme un retard ou un handicap – y compris aux yeux des Allemands eux-mêmes – se révèle au bout du compte un avantage décisif dans le contexte d'une mondialisation et d'une construction européenne où les petits États et les pays très décentralisés tirent nettement mieux leur épingle du jeu que les grands États centralisés comme la France ou le Royaume-Uni.

Ces histoires politiques très différentes se traduisent par des réalités de terrain qui demeurent elles aussi profondément distinctes. Tout d'abord l'unification linguistique est très loin d'être achevée en Allemagne : le *Hochdeutsch*, la langue qu'on apprend dans les cours d'allemand en France, n'est en réalité qu'une langue officielle utilisée dans les circuits administratifs et les communications formelles des entreprises, mais, dans la plupart des cas, la langue de travail reste un patois régional qui diffère sensiblement de l'allemand officiel. Contrairement à ce qui s'est passé en France, cette question ne suscite guère de tensions politiques parce que personne n'a jamais cherché à éradiquer ces patois, dont la survie, assurée par la transmission familiale orale, n'apparaît pas vraiment menacée. En conséquence, personne ne juge nécessaire non plus de les enseigner spécifiquement dans les écoles ou de les faire reconnaître formellement comme langue officielle régionale.

L'Allemagne est aussi, nous y reviendrons, un pays plus de deux fois plus densément peuplé que la France, avec en moyenne 231 habitants au km$^2$ contre 114 chez nous[1]. La Belgique ou les Pays-Bas le sont certes davantage encore, mais, parmi les grands pays de taille comparable, il n'y a guère que le Royaume-Uni qui soit (légèrement) plus dense, avec 255 habitants au km$^2$. Et surtout cette population est assez équitablement répartie sur le territoire. Sur les seize *Länder* allemands, deux seulement ont moins de 100 habitants au km$^2$ : le Brandebourg, autour de Berlin (mais sans Berlin) et le Mecklenbourg, au nord du pays. Les *Länder* les moins peuplés d'Allemagne sont d'ailleurs tous des *Länder* de l'ex-Allemagne de l'Est qui ont connu, avant comme après la chute du Mur, une hémorragie de population... Tandis qu'en France, sur les 22 régions de métropole, 13, plus de la moitié donc, ont moins de 100 habitants au km$^2$... Autre traduction de la même réalité : l'Allemagne compte 80 villes de plus de 100 000 habitants contre 41 en France

---

1. En France métropolitaine.

et 14 villes de plus de 500 000 habitants contre 4 dans l'Hexagone...

Au-delà de cet aspect démographique, le meilleur équilibre du territoire se traduit aussi par des différences marquées dans des domaines plus qualitatifs : la plupart des 103 universités allemandes ont un ancrage qui remonte au haut Moyen Âge dans les villes où elles sont implantées, tandis que nombre des 75 universités françaises ont été créées *ex nihilo* dans les années 1960 ou 1970.

*Un pays dense mais équilibré*

La production de richesse est elle aussi beaucoup mieux répartie géographiquement, même si la réunification a creusé les écarts. Si on met de côté les villes-États de Brême et de Hambourg, qui constituent un cas très particulier et n'ont pas leur équivalent dans l'organisation territoriale française, le *Land* allemand le plus riche, celui de Hesse, autour de Francfort, le centre de la finance allemande, générait en 2009 un PIB moyen de 35 200 euros par habitant, soit 1,8 fois plus que celui du Brandebourg, la région autour de Berlin. Ses habitants sont les plus pauvres d'Allemagne et n'ont produit chacun en moyenne que 19 600 euros de PIB en 2009. Si l'on ne s'intéresse qu'aux *Länder* de l'ex-Allemagne de l'Ouest, cet écart tombe même à 1,4 entre la Hesse et la Rhénanie-Palatinat, la région autour de Mayence. Et le PIB moyen par habitant de la Hesse ne représente jamais que 1,2 fois celui de l'Allemagne dans son ensemble. En revanche, en France, le PIB par habitant de l'Île-de-France, 47 800 euros par tête, pèse 2,1 fois plus que celui de la Picardie, 22 400 euros par habitant, la région la moins productive de France métropolitaine. Ce PIB par habitant de l'Île-de-France représente aussi 1,6 fois le PIB par tête moyen français.

Malgré quarante ans de décentralisation, on constate donc toujours une extraordinaire polarisation de la production des richesses autour de Paris, sans commune mesure avec ce qu'on observe en Allemagne, bien que la réunification y ait significativement creusé les écarts. L'ampleur des déséquilibres territoriaux français est aussi d'ailleurs une des explications majeures de l'une des différences les plus marquantes entre la France et l'Allemagne : le niveau des dépenses publiques. Sans ces dépenses publiques nettement plus élevées chez nous (11 points de PIB en plus en 2012) pour l'entretien des infrastructures, mais aussi pour fournir partout des revenus via les systèmes de protection sociale, nombre de territoires français ne pourraient pas tenir le choc tant ils manquent d'une « masse critique » pour fournir à leurs habitants des revenus suffisants de façon autonome par leur propre activité économique.

De par cette longue histoire de non-centralisation, l'Allemagne est un pays où on trouve quasiment partout sur le territoire une densité suffisante de capital financier et culturel, de sous-traitants et de services divers aux entreprises pour qu'il soit possible d'entreprendre dans de nombreuses branches d'activité sans rencontrer de difficultés insurmontables. Impossible en effet de faire cinquante kilomètres dans la campagne allemande sans buter sur une usine des plus modernes au fond d'une vallée improbable. Dans un tel contexte, il ne suffira pas cependant de copier en France les dispositifs institutionnels allemands pour espérer bénéficier du tissu industriel de notre voisin. Huit cents ans de centralisation ont vidé une grande partie du territoire français des richesses matérielles et, encore plus, immatérielles, indispensables pour développer un tissu local d'entreprises performant, capable de jouer sa carte dans la mondialisation. Une fois enclenché, un tel mouvement est très difficilement réversible, car le développement local est loin d'être seulement une question d'argent ou de pouvoirs confiés aux collectivités décentralisées.

### 1.2. Un pays d'émigration sans colonies

Ce qui impressionne le plus les Français à propos de l'économie allemande, ce sont le plus souvent ses succès à l'exportation. Ils tiennent notamment au rapport très différent que les Allemands entretiennent au reste du monde. Une attitude qui plonge ses racines dans l'histoire de l'Allemagne, pays d'émigration, longtemps dépourvu d'un État puissant et qui n'a quasiment jamais eu de colonies.

L'Allemagne, on l'a dit, est plus de deux fois plus densément peuplée que la France. Sa population est aussi significativement plus importante que la nôtre : 82 millions de personnes en 2012 contre 66. Il n'en a cependant pas toujours été ainsi. La France a très longtemps été, et de loin, le pays le plus peuplé d'Europe. Au XIV$^e$ siècle, on dénombrait à peu près 20 millions de Français pour 12 millions d'Allemands. En 1750, il y avait encore 25 millions de Français pour 17 millions d'Allemands.

Mais, à partir de 1850, la population allemande a dépassé la population française : la France a été en effet l'un des premiers pays industrialisés à entrer dans la « transition démographique », le moment où les femmes se mettent à avoir moins d'enfants. Depuis le XVIII$^e$ siècle, elle a connu une croissance de sa population particulièrement lente comparée aux autres pays européens. Ce qui a beaucoup inquiété ses dirigeants, soucieux de ne pas manquer de chair à canon pour tenir tête, en particulier, aux Allemands après la guerre de 1870. D'où une prégnance très forte des politiques publiques natalistes et familialistes dans l'Hexagone, nous y reviendrons. Ces politiques ont connu à la longue un certain succès et la France est aujourd'hui l'un des rares pays d'Europe à ne pas être menacé d'un déclin démographique rapide, contrairement à l'Allemagne. Selon les prévisions d'Eurostat, la population française devrait même dépasser de nouveau la population allemande au cours des prochaines décennies. Cette situation démographique particulière a fait largement disparaître de la conscience collective des Français cet historique très long de faible natalité.

Cet écart persistant en termes de dynamisme démographique entre la France et le reste de l'Europe a pourtant conduit dans le passé à des comportements très différents, notamment en matière d'émigration. Alors qu'Anglais et Allemands et, plus tard, Italiens et Espagnols émigrèrent en masse au XVIII$^e$, au XIX$^e$ et encore au début du XX$^e$ siècle, ce ne fut jamais le cas des Français. La perte de l'Acadie (1713), puis du Québec et d'une partie de la Louisiane (1763) au profit des Anglais et enfin la vente du reste de la Louisiane aux États-Unis (1803), avant d'être des défaites militaires ou diplomatiques, ont été des échecs démographiques : le roi de France n'avait jamais trouvé suffisamment de sujets candidats à l'émigration pour pouvoir tenir tête à l'afflux massif de nouveaux colons britanniques en Amérique du Nord... Cela ne changera d'ailleurs guère par la suite, même à la grande époque de l'empire colonial français, qui ne donnera jamais lieu à de véritables colonies de peuplement. Même en Algérie, qui fut la colonie où résidaient le plus de Français de « souche », après des efforts constants pendant un siècle pour les y attirer, il n'y avait même pas 1 million de Français sur les 11 millions d'habitants que comptait le pays au moment de son indépendance en 1962.

De son côté, par contre, l'Allemagne, restée un nain politique jusqu'à la fin du XIX$^e$ siècle, n'a quasiment jamais eu d'empire colonial. Elle n'a occupé que des miettes de territoires laissées par les grandes puissances traditionnelles – le Togo, le Cameroun ou encore la Nouvelle-Guinée – et encore, pendant quelques décennies seulement. Cela n'a pas empêché cependant sa population d'émigrer en masse. Notamment aux États-Unis où, en 1790, sur 3,9 millions d'habitants, on dénombrait 270 000 immigrants allemands, le troisième groupe de population après les Anglais et les Noirs menés en esclavage depuis l'Afrique. Alors qu'on ne décomptait à la même époque que 15 000 immigrants français aux États-Unis. Cette émigration s'est encore accentuée au XIX$^e$ siècle, et aujourd'hui 16,5 % des Américains déclarent être d'origine allemande. Ils forment ainsi le groupe national le plus important, devançant même ceux qui se définissent comme d'origine irlandaise ou anglaise.

*Chaque Allemand a un oncle d'Amérique*

On ne peut pas comprendre le rapport très différent qu'entretiennent les Allemands, mais aussi les Italiens, vis-à-vis des États-Unis par rapport aux Français, si l'on ne tient pas compte de cette réalité : quasiment chaque Allemand compte dans sa famille plus ou moins éloignée un « oncle d'Amérique », ce qui est beaucoup plus rarement le cas chez nous. Par ailleurs, si les nazis ont été si nombreux à chercher refuge en Argentine ou au Chili après la Seconde Guerre mondiale, c'est d'abord parce que d'importantes communautés allemandes y étaient déjà implantées de longue date, y ayant conservé leur langue et leurs coutumes. En Europe même, les émigrants allemands avaient aussi essaimé un peu partout dans les pays de l'Est. Il existait ainsi d'importantes communautés allemandes au nord de la Roumanie ou encore en Russie sur les bords de la Volga... Une réalité que la Seconde Guerre mondiale a quasiment effacée du fait du déplacement forcé de la plupart des minorités d'origine allemande dans tous les pays de l'est de l'Europe.

Pour en revenir aux performances allemandes à l'exportation, le long passé d'émigration du pays est un des facteurs centraux d'explication de cette différence majeure entre nos deux pays. L'existence de nombreuses communautés d'origine allemande un peu partout dans le monde fournit tout d'abord un support local efficace aux exportateurs d'outre-Rhin sur le mode classique des diasporas : dans les différents pays, les représentants locaux des firmes allemandes sont en effet souvent des descendants d'émigrés, parfaitement intégrés désormais aux sociétés locales, mais ayant conservé la langue et les réflexes culturels qui leur permettent de traiter aisément avec la maison mère. Cette dimension est importante, notamment en Amérique latine.

Cette histoire longue d'émigration massive, combinée à l'absence de colonies, structure également dans l'imaginaire collectif allemand une tout autre attitude qu'en France vis-à-vis de l'étranger. Depuis deux siècles, les expatriés français ont en effet été pour l'essentiel des colonisateurs envoyés par l'État français en terrain conquis et cette vision du monde continue à imprégner l'attitude de nombreuses grandes firmes françaises à l'exportation : la version moderne (et pacifiée) de cette démarche consiste à compter d'abord sur le gouvernement hexagonal pour vendre à l'étranger produits et grands contrats dans le cadre de son action diplomatique. Pour un Allemand, en revanche, il est normal depuis toujours de faire son baluchon pour aller vendre des produits allemands dans le vaste monde, sans prendre de haut ses clients potentiels ni compter avant tout pour réussir dans cette démarche sur l'appui d'un État puissant, dont il n'a disposé que très tardivement.

Sur ce terrain, les Allemands sont, du fait de leur expérience historique, nettement plus proches finalement des Italiens que des Français. Entre les Fugger, banquiers du Saint-Empire romain germanique à la fin du Moyen Âge, et la Hanse, l'organisation de marchands qui a dominé tout le commerce dans la mer du Nord et la Baltique à la même époque, la fragmentation politique de l'espace allemand a suscité outre-Rhin le même genre de créativité commerciale et financière que dans les grandes villes italiennes. Et, de nombreux siècles plus tard, cette histoire pèse toujours…

*Droit du sol et droit du sang*

Cette forte tradition d'émigration, combinée à l'absence prolongée d'un État allemand à proprement parler, contribue à expliquer une des différences les plus marquantes entre la France et l'Allemagne : en matière de droit de la nationalité, le droit du sang a eu longtemps un caractère très prépondérant chez notre voisin, comme un moyen en particulier de préserver les liens entre les Allemands d'Allemagne et leurs nombreux cousins de la diaspora partis s'installer dans le vaste monde.

Ce n'est que très tardivement – en 2000, avec l'arrivée du premier véritable gouvernement de gauche de toute son histoire[1] – que l'Allemagne a introduit une dose de droit du sol dans son code de la nationalité. Tandis que la France, qui n'a jamais été vraiment un pays d'émigration, est au contraire devenue bien avant l'Allemagne un pays d'immigration. Du coup, elle a aussi, comme les États-Unis et pour les mêmes raisons, privilégié très tôt le droit du sol pour l'acquisition de la nationalité française.

Comme c'est le cas aussi, mais depuis plus récemment encore, de l'Italie et de l'Espagne, l'Allemagne s'est transformée à son tour, depuis un demi-siècle, en un pays d'immigration. Et cela à des niveaux désormais plus importants qu'en France : en 2010, les immigrés (les personnes nées étrangères à l'étranger) représentaient 12,9 % de la population allemande contre 11,1 % de la population française, selon les chiffres de l'OCDE. L'écart est encore plus marqué quand on s'intéresse à la population étrangère au sens strict : elle représente 8,8 % des habitants de l'Allemagne contre 5,5 % en France, un reflet à la fois de l'ancienneté de l'immigration en France et de la facilité plus grande à acquérir la nationalité française. Malgré notre long passé d'immigration, l'intégration des nouveaux arrivants à la société française n'a cependant pas été une réussite éclatante au cours des dernières décennies. Mais la conception « ethnique » de la citoyenneté que la société allemande a conservée très longtemps a fait également de ce sujet un des plus difficiles à traiter pour elle.

Contrairement à la France (ou aux Pays-Bas), on n'a jamais cependant assisté jusqu'ici à un ancrage durable, à

---

1. Même si l'on verra que, sur le terrain économique et social, ce n'était pas vraiment le plus progressiste. Voir p. 139 *sq.*

des niveaux significatifs, de partis ouvertement xénophobes dans le paysage politique allemand. Il y a toutefois quelques raisons de penser que ce tabou, lié surtout au souvenir de la période nazie, est en train de tomber. C'est ce qu'indique en particulier l'énorme succès rencontré en Allemagne en 2010 par l'ouvrage de Thilo Sarrazin, *L'Allemagne court à sa perte* avec plus de 1,3 million d'exemplaires vendus, bien que la thèse principale en ait été presque ouvertement raciste : l'avenir de l'Allemagne serait menacé par la baisse dramatique de la démographie des Allemands « de souche » et le développement de l'immigration, notamment turque, incapable de s'assimiler et d'acquérir les connaissances suffisantes pour concourir au développement économique du pays... Or Thilo Sarrazin n'est pas un marginal sulfureux, mais un membre éminent du parti social-démocrate. Ancien ministre des Finances du *Land* de Berlin, il siégeait au conseil de la vénérable *Bundesbank*, la banque centrale allemande, dont il a été exclu à la suite de la publication de ce livre...

Pourtant, l'avenir de l'Allemagne – et celui de sa puissance industrielle – dépendra pour une part essentielle de sa capacité à surmonter ses difficultés traditionnelles à intégrer les immigrés et à démontrer l'inanité des thèses de Thilo Sarrazin. Compte tenu de sa très faible natalité, l'Allemagne devrait en effet voir sa population diminuer de 82 millions d'habitants en 2010 à 66 millions en 2060, selon les prévisions d'Eurostat, tandis que la population française devrait augmenter de 63 à 72 millions d'habitants. L'Allemagne accueille déjà chaque année près de trois fois plus d'immigrés que la France (629 000 nouveaux immigrés par an en moyenne entre 2003 et 2010, contre 225 000 en France toujours selon les données d'Eurostat). Mais, pour maintenir son industrie, elle devra encore accroître ces flux à l'avenir. Contrairement à ce que prétend Thilo Sarrazin, l'échec n'est d'ailleurs pas assuré, comme le montre par exemple le cas de Cem Özdemir, fils d'immigré turc devenu coprésident du parti vert allemand, ou encore le succès inattendu du film *Almanya, bienvenue en Allemagne*, une comédie sur les difficultés d'intégration des enfants d'immigrés turcs, réalisée par Yasemin Samdereli, qui a réalisé 1,4 million d'entrées outre-Rhin en 2011. En Allemagne, comme en France, la plupart des comiques les plus populaires dans toutes les couches de la société sont d'ailleurs issus de l'immigration.

On observe cependant pour l'instant des difficultés scolaires plus importantes encore en Allemagne qu'en France pour les enfants d'immigrés : parmi les 20-29 ans, ils étaient en 2007 deux fois plus nombreux que les Allemands de « souche » à ne disposer que d'un faible niveau d'éducation, contre une fois et demie « seulement » en France, selon une étude de l'OCDE. Nous y reviendrons quand nous aborderons les questions d'éducation en Allemagne[1].

### 1.3. Quand les corporations font de la résistance

Parmi les différences les plus importantes que l'histoire a tracées entre Français et Allemands, il en est une qui pèse lourd, aujourd'hui encore, dans le fonctionnement de nos économies respectives : le sort que nous avons fait aux corporations lors de la Révolution française. En l'absence de rupture équivalente, l'organisation corporatiste de l'économie a évolué nettement plus progressivement outre-Rhin,

---

1. Voir p. 76.

préservant jusqu'à aujourd'hui de fortes traditions de coopération entre entreprises au sein de branches professionnelles puissamment organisées. Sur le plan des relations sociales, mais aussi dans beaucoup d'autres domaines. Autrement dit, ce qui plombe l'industrie française aujourd'hui, ce n'est pas seulement, malgré les apparences, un étatisme malsain mais aussi un libéralisme trop poussé qui a favorisé un excès dommageable d'« individualisme » d'entreprise...

Les corporations organisaient les relations sociales au sein d'une branche d'activité, définissant les salaires des ouvriers. Elles fixaient également les prix de vente et avaient un rôle déterminant dans l'amélioration des techniques au sein d'une profession.

En France, elles avaient été au cœur des critiques des économistes libéraux durant toute la période qui a précédé la Révolution française, accusées de bloquer l'innovation et de limiter l'activité économique en entravant la concurrence. En limitant la possibilité d'entrer dans de nombreuses activités, elles entraînaient également une rupture d'égalité, favorisant outrageusement les *insiders*. Une des premières priorités des révolutionnaires avait donc été de les mettre à bas. La loi d'Allarde, adoptée le 2 mars 1791, dispose ainsi que « les citoyens d'un même état ou profession, les entrepreneurs, ceux qui ont boutique ouverte, ne pourront, lorsqu'ils se trouveront ensemble, se nommer ni présidents, ni secrétaires, ni syndics, tenir des registres, prendre des arrêtés ou délibération, former des règlements sur leurs prétendus intérêts communs ».

Mais cela ne suffit pas aux révolutionnaires modérés inquiets d'une agitation ouvrière croissante. Le 14 juin 1791, Isaac René Guy Le Chapelier, avocat et député du tiers état de Bretagne, monte à la tribune de l'Assemblée pour proposer une nouvelle loi. « Plusieurs personnes ont cherché à reconstituer les corporations anéanties, explique-t-il, en formant des assemblées d'arts et de métiers […]. Le but de ces assemblées […] est de forcer les entrepreneurs de travaux, les ci-devant maîtres, à augmenter le prix de la journée de travail, d'empêcher les ouvriers et les particuliers qui les occupent dans leurs ateliers de faire entre eux des conventions à l'amiable, de leur faire signer sur des registres l'obligation de se soumettre au taux de la journée de travail fixé par ces assemblées et autres règlements qu'elles se permettent de faire. On emploie même la violence pour faire exécuter ces règlements : on force les ouvriers de quitter leurs boutiques, alors même qu'ils sont contents du salaire qu'ils reçoivent. » On aura reconnu là le b.a.-ba de l'action revendicative. « Il n'y a plus de corporations dans l'État, conclut-il, il n'y a plus que l'intérêt particulier de chaque individu et l'intérêt général. Il n'est permis à personne d'inspirer aux citoyens un intérêt intermédiaire, de les séparer de la chose publique par un esprit de corporation. » En conséquence de quoi, il proposait une loi punissant sévèrement de tels agissements, et cette loi fut adoptée.

*Les révolutionnaires français étaient des libéraux*

Ce n'est qu'en 1884, presque un siècle plus tard, que cette interdiction sera levée. Mais le syndicalisme français ne se remettra jamais de la loi Le Chapelier : il ne sera jamais reconnu vraiment comme un interlocuteur valable par des patrons eux-mêmes peu organisés... Au-delà du champ des relations sociales, cette éradication des corporations a aussi fortement limité toute forme de coopération interentreprise au niveau des branches d'activité. Les révolutionnaires français étaient donc, en économie, plutôt des libéraux purs et durs et, sur ce terrain, ils ont mis en œuvre leur programme avec détermination. Par la suite, en dehors du bref épisode pétainiste pendant la Seconde Guerre mondiale et de l'immédiat après-guerre au moment de la reconstruction, personne n'a essayé réellement de redonner aux branches professionnelles organisées un rôle substantiel dans l'économie et la société françaises.

*A contrario*, l'Allemagne n'a pas connu une telle rupture dans l'histoire de ses structures économiques et sociales, ce qui fait qu'aujourd'hui encore elle dispose de solides organisations professionnelles de branche. On peut être tenté de voir dans la puissance des syndicats de salariés allemands, mais aussi scandinaves, le résultat d'une capacité supérieure des travailleurs de ces pays à mener efficacement la « lutte des classes » face aux patrons. Ce serait, pour une part non négligeable, une erreur de perspective : si les branches professionnelles et les conventions collectives qu'elles établissent conservent aujourd'hui encore dans ces pays un poids sans commune mesure avec celui qu'elles peuvent avoir en France, c'est d'abord parce que les entreprises et les patrons qui les dirigent ont pu y conserver des structures collectives leur permettant de s'entendre pour limiter la concurrence qu'ils se font les uns aux autres. C'était le principal reproche que faisaient les économistes libéraux français aux corporations de l'Ancien Régime et c'est en effet la fonction principale d'une convention collective de branche que de limiter le « dumping social » que sont susceptibles d'exercer les entreprises les unes vis-à-vis des autres. Même si, dans des pays comme la France, ils y sont en général par principe très hostiles, les patrons ont en réalité un intérêt collectif puissant à ce type de régulation.

La négociation de branche permet en effet tout d'abord des « économies d'échelle » substantielles : pendant que les DRH français s'épuisent à négocier chacun pour son propre compte une fois par an avec les représentants du personnel de leur entreprise (sans compter les millions de négociations *one to one* liées à l'individualisation croissante des rémunérations et de leur évolution), leurs collègues allemands délèguent cette tâche à quelques représentants de la branche qui négocient avec les syndicats pour le compte de toutes les entreprises en même temps. Ils concluent des accords qui courent en général pour deux ou trois ans. Cette négociation peut certes être « sportive » et donner lieu à des grèves prolongées. Mais, ensuite, pendant toute la durée de validité de l'accord, les conflits sociaux sont interdits dans les entreprises couvertes.

*La négociation de branche dans l'intérêt du patronat*

La négociation au niveau de la branche permet de plus au patronat de négocier avec des interlocuteurs plus conscients des enjeux sectoriels globaux et moins directement soumis à la pression de leurs mandants en vue de hausses de salaires immédiates, qu'au niveau des entreprises. Sans parler bien sûr de la négociation salariale individualisée... Ces négociations de branche ont joué un rôle clé dans la stratégie menée de longue date et de façon très consensuelle en Allemagne pour défendre la compétitivité-coût[1] de l'industrie, grâce à un niveau d'inflation plus faible

---

1. Pour apprécier la compétitivité d'une entreprise ou d'une économie, on distingue traditionnellement la compétitivité-coût liée, comme son nom l'indique, à l'évolution plus ou moins favorable des coûts de production et la compétitivité-hors coût, liée quant à elle au degré d'innovation, à la qualité du design... des produits commercialisés.

que dans les autres pays, tout en s'efforçant de maintenir un haut niveau d'emploi. Alors que dans les pays où la négociation collective n'est pas aussi fortement structurée, comme la France ou le Royaume-Uni par exemple, seul un niveau de chômage élevé peut garantir la modération salariale...

Un tel système de relations sociales n'est cependant pas sans inconvénients. Tout d'abord, comme il est désormais relativement isolé au sein d'une économie de plus en plus internationalisée et libéralisée, il est critiqué pour la lourdeur des contraintes qu'il impose aux entreprises et de nombreux patrons allemands quittent les syndicats patronaux de branche pour y échapper. Contrairement à ce qui se produit en France, outre-Rhin, les conventions collectives ne sont pas en effet « étendues », comme on dit, par l'État à l'ensemble des salariés d'une branche professionnelle, mais s'appliquent uniquement aux salariés des entreprises qui adhèrent au syndicat patronal qui les a souscrites. Ce mouvement de désaffection est important en particulier à l'est de l'Allemagne dans les *Länder* de l'ex-RDA. Il n'est pas sûr cependant que les patrons en question mesurent réellement en quittant les syndicats de branche les avantages qu'ils perdent et les ennuis qu'ils se préparent...

Pour combattre cette tendance, les syndicats de branche ont accepté l'introduction de *Öffnungsklausel*, des clauses d'ouverture dans les conventions permettant sous certaines conditions, très encadrées et contrôlées au niveau des branches professionnelles, aux entreprises en difficulté de déroger aux accords de branche. C'est cette pratique qui inspire en France l'idée, défendue notamment par le Medef et Nicolas Sarkozy début 2012, d'accords dits « compétitivité-emploi » permettant aux entreprises françaises en difficulté de déroger temporairement aux conventions de branche et à la loi en matière de salaire ou de temps de travail.

*Le dualisme du marché du travail*

Ce système de conventions collectives de branche est aussi à la base de ce qu'on appelle en Allemagne la *Tarifautonomie*, l'autonomie des partenaires sociaux : contrairement à ce qui se produit en France, l'État limite le plus possible ses interventions dans le domaine du droit du travail et davantage encore en matière salariale pour laisser le champ libre à la négociation sociale. C'est notamment pour cela que l'Allemagne est, avec l'Italie et les pays scandinaves, l'un des derniers pays européens à ne pas disposer d'un salaire minimum légal. Mais, du coup, le système des conventions collectives de branche devient aussi de plus en plus un facteur d'aggravation du dualisme du marché du travail allemand, au fur et à mesure notamment que les emplois deviennent plus nombreux dans les secteurs de services, comme les hôtels, cafés et restaurants en particulier, où les taux de couverture par les conventions de branche sont traditionnellement très faibles. En France, par le biais du mécanisme de l'« extension » des conventions collectives par l'État, déjà évoqué, 98 % des salariés du secteur privé sont couverts par une convention. En Allemagne, ce taux n'était plus que de 62 % en 2009, selon le site Worker-participation.eu.

Or, en l'absence de conventions de branche, les salariés ne disposent en Allemagne que d'une protection très faible : en 2010, selon l'institut de recherche économique DIW, quasiment 3 millions d'Allemand(e)s travaillaient ainsi pour moins de 6 euros de l'heure. Alors qu'au même moment le Smic horaire était de 8,9 euros en France... Même si elles conservent de (très) beaux restes, on a donc assisté à un affaiblissement indéniable des branches dans la gestion des relations sociales au cours des dernières décennies en Allemagne. Le bas niveau des prix que cela a permis de maintenir, en particulier dans le secteur des services, a certes indirectement concouru dans l'immédiat à améliorer la compétitivité-coût de l'industrie allemande : il facilite en effet une faible évolution des salaires dans ces branches, puisque les salariés de l'industrie bénéficiaient ainsi de prestations de services à faible coût. Mais l'effritement progressif de ce mode de régulation salariale n'en constitue pas moins à terme une menace pour la stabilité du « modèle social » allemand.

Cette prégnance du corporatisme en Allemagne n'a pas seulement un effet persistant sur la gestion des relations entre employeurs et salariés. Elle joue aussi un rôle central dans d'autres domaines tout aussi essentiels pour la compétitivité industrielle du pays. Les organisations patronales allemandes sont structurées en effet de façon très différente de leurs homologues dans la plupart des autres pays, du fait de l'ampleur des tâches qu'elles assurent. Il existe dans chaque branche, d'une part, une organisation patronale en charge spécifiquement des relations sociales et de la négociation des conventions collectives avec les syndicats, et, d'autre part, une organisation professionnelle en charge du reste : les questions de normes et de réglementation, le lobbying auprès des pouvoirs publics, ainsi que de l'organisation de la collaboration interentreprise sur les questions plus techniques.

C'est cette capacité étendue de coopération interentreprise qui a permis notamment l'établissement d'un système de normes, les fameuses normes DIN, du nom du *Deutsches Institut für Normung*, particulièrement développé. Il a été source lui aussi d'économies d'échelles considérables pour l'industrie allemande en permettant plus tôt qu'ailleurs une standardisation plus poussée de l'offre sur de nombreux marchés, limitant ainsi considérablement les coûts de transaction et les incertitudes sur la qualité des produits. Dans de nombreux domaines, l'auto-imposition de normes plus contraignantes que dans les autres pays industrialisés a aussi été, contrairement à ce qu'on croit souvent, un levier déterminant pour conserver en permanence un avantage compétitif. Cela a permis en effet aux firmes allemandes d'acquérir avant les autres un savoir-faire qu'elles pouvaient aisément valoriser lorsque les autres pays étaient finalement obligés, pour des raisons d'environnement, de qualité…, de s'aligner à leur tour sur les normes allemandes.

*Un substitut aux politiques industrielles publiques*

De même, on se gargarise beaucoup en France au sujet des relations universités-entreprises sans que cela donne le plus souvent, pour l'instant, des résultats très probants. Si ces relations fonctionnent de façon plus efficace en Allemagne, c'est notamment parce qu'une part significative d'entre elles passe par le biais d'organisations professionnelles de branches, comme par exemple le puissant *Verband deutscher Maschinen- und Anlagenbau* (VDMA) dans le secteur des biens d'équipements, une branche qui regroupe surtout de grosses PME. Ses 400 experts spécialisés dans les différents domaines intéressant la branche animent des groupes de travail interentreprises auxquels participent quelque 20 000 professionnels des différentes sociétés membres de l'association. Et ces groupes servent également d'interface privilégiée entre les industriels et les universitaires. L'industrie soutient aussi fortement une institution comme le *Fraunhofer Institut*, en charge spécifiquement de la recherche appliquée, un type d'organisation sans équivalent en France. Cette forte capacité d'auto-organisation collective des industriels allemands est à la base notamment des performances du pays en matière de financement de la recherche par le secteur privé qui a représenté 1,7 % du PIB allemand en 2010 contre 1,1 % seulement en France. Si bien que, malgré des dépenses publiques de recherche supérieures à l'Allemagne, la France ne dépense au global que 2,1 % de son PIB dans ce domaine contre 2,5 % chez nos voisins.

Cette coopération interentreprise au niveau des branches professionnelles est aussi un des éléments clés qui explique le succès des fameuses Entreprises de taille intermédiaire (ETI) allemandes : malgré leur taille limitée elles peuvent ainsi, grâce à une mutualisation des moyens au niveau de la branche, bénéficier de fonctions de support[1] de qualité suffisante pour être présentes sur le marché mondial. Ces liens interentreprises sur une base d'auto-organisation sectorielle sont un substitut très efficace aux « politiques industrielles » étatiques, souvent inadaptées car répondant à des logiques politiques de court terme par nature très instables et mises en œuvre par des administrations qui n'ont pas une connaissance suffisamment fine du terrain sur lequel elles sont censées intervenir.

On ne doit pas déduire cependant de ce qui précède que l'économie allemande serait entièrement « cartellisée » avec des industriels qui s'entendent comme larrons en foire pour

---

1. Fonctions d'aide aux opérationnels qui sont surtout développées dans les grands groupes : services juridiques, services brevets...

plumer leurs clients. Dans la logique ordolibérale qui a prévalu en Allemagne, nous y reviendrons[1], après la Seconde Guerre mondiale, une grande place a été accordée à la concurrence et à sa protection. Et le *Bundeskartellamt*, en charge de ces questions, est une organisation particulièrement puissante et active. Il est en mesure de garantir que ces formes étendues de coopération interentreprises ne débordent pas vers l'entente sur les prix et la répartition des parts de marché, même si, bien sûr, cette tentation existe toujours, en Allemagne comme ailleurs. Sur ce plan, bien que ce soit difficile à mesurer précisément, la France est probablement un espace moins concurrentiel que l'Allemagne, du fait notamment de la collusion traditionnelle très forte entre la haute administration et les dirigeants des grandes entreprises, ainsi que du poids prédominant de ces très grandes entreprises dans l'économie.

Bref, la densité des liens interentreprises au niveau des branches professionnelles constitue une des principales différences entre les industries française et allemande. Et leur absence est un des handicaps majeurs de l'industrie hexagonale en termes de compétitivité.

## 1.4. L'entreprise n'appartient pas qu'aux actionnaires

Il n'y a pas qu'au niveau des branches professionnelles qu'un monde sépare toujours la France et l'Allemagne. C'est aussi le cas, voir plus encore, à l'intérieur des

---

1. Voir p. 100.

entreprises elles-mêmes, au niveau de leur « gouvernance », comme on dit aujourd'hui, et du style de management qui en résulte. La gouvernance des entreprises allemandes se caractérise en effet par un degré d'association des salariés aux décisions beaucoup plus important que dans tous les autres pays industrialisés, et notamment qu'en France. Des règles qui induisent un style de management tourné vers la négociation et le compromis, alors qu'en France la tradition élitiste liée au système des grandes écoles, combinée aux faibles pouvoirs reconnus aux représentants des salariés, favorise au contraire un type de management autoritaire et hiérarchique. Ces fortes contraintes qui pèsent depuis soixante ans sur les dirigeants allemands sont souvent décriées par le patronat d'outre-Rhin. Elles constituent pourtant en réalité sur le long terme un avantage compétitif décisif pour notre voisin, comme le montre la bonne santé actuelle de l'industrie allemande. Tandis que la crise ouverte en 2008 confirme, s'il en était encore besoin après celle de 2000-2001, la faillite de la *corporate governance* à l'anglo-saxonne sur laquelle la France s'est pourtant constamment efforcée d'aligner la gouvernance de ses grandes entreprises depuis trente ans.

La gouvernance allemande des entreprises est caractérisée dans la langue de Goethe par le terme de *Mitbestimmung*, un mot difficilement traduisible, souvent rendu en français par « cogestion », alors que « codétermination » serait plus juste. Cette gouvernance n'implique pas, en effet, que les représentants des salariés gèrent à proprement parler l'entreprise avec les patrons, mais que certains projets doivent obligatoirement recevoir leur approbation. Cela passe par deux canaux : les comités d'établissement

(*Betriebsräte*) qui sont dotés de pouvoirs étendus, et la place déterminante reconnue aux représentants des salariés dans les instances dirigeantes des sociétés.

Outre-Rhin, les comités d'entreprises sont de droit à partir de 5 salariés (en France à partir de 50). Cependant, en Allemagne, il n'existe pas, dans les entreprises, de délégués du personnel ni de délégués syndicaux : les fonctions correspondantes sont prises en charge par les membres élus des comités d'entreprises. Cette simplicité et cette clarté des structures de représentation du personnel ne sont pas les moindres des facteurs qui confèrent à ces acteurs un poids déterminant dans les entreprises allemandes… Les représentants aux CE allemands sont élus par tous les salariés au scrutin de liste proportionnel. Les syndicats n'ont *a priori* aucun monopole en la matière, mais, pour pouvoir se présenter, une liste doit être soutenue par au moins un vingtième des salariés et en pratique, dans la plupart des grandes entreprises, ce sont les élus présentés par les grands syndicats de branche affiliés au *Deutscher Gewerkschaftsbund* (DGB) qui dirigent les comités d'entreprises. Contrairement à leurs homologues français, les CE allemands offrent en règle générale très peu de services (spectacles, vacances, cantines, arbre de Noël…) aux salariés. Même si l'appellation est identique, la réalité des tâches (et des pouvoirs) est donc très différente entre un CE français et son homologue allemand.

### Un droit de veto pour les salariés

Les droits de ces CE sont définis par une *Betriebsverfassungsgesetz*, littéralement une « constitution des entreprises » de 46 pages et 132 articles. Ces droits vont, selon les sujets, d'une simple information à un droit de veto en passant par une consultation obligatoire. L'information concerne surtout la marche générale de l'entreprise, ses comptes... La consultation touche la formation, la construction de nouveaux bâtiments, les procédures de travail et les nouvelles technologies. La codétermination au sens strict ne s'applique qu'aux horaires de travail et à leurs variations éventuelles, aux congés, aux modalités de rémunération et aux mouvements de personnels, recrutements, promotions et transferts. Mais, du coup, « dès qu'une décision économique implique des conséquences sociales tangibles pour les personnels, l'employeur est tenu de présenter un plan social d'accompagnement dont les mesures compensatoires doivent recueillir l'accord du *Betriebsrat* [comité d'entreprise] », explique René Lasserre, professeur à l'université de Cergy et directeur du Centre d'information et de recherche sur l'Allemagne contemporaine (Cirac)[1]. Il ne s'agit pas, comme en France, de recueillir un avis, mais bien d'obtenir un accord préalable du CE... sinon, la direction ne peut pas mettre en œuvre la restructuration prévue.

Mais ce n'est pas tout : ce pouvoir important reconnu aux représentants des salariés sur le terrain s'articule avec une forte présence de leur part dans les instances dirigeantes des grandes entreprises. C'est la spécificité la plus marquante de la *Mitbestimmung* à l'échelle internationale. En Allemagne, toutes les grandes entreprises sont dotées, d'une part, d'un conseil de surveillance et, d'autre part, d'un directoire (nommé par ce conseil et lui rendant compte), qui rassemble les dirigeants assurant la gestion opérationnelle de l'entre-

---

1. René Lasserre, « La cogestion allemande à l'épreuve de la globalisation », *Regards sur l'économie allemande*, n° 72, juillet 2005.

prise. Il n'existe donc nulle part en Allemagne une concentration des pouvoirs et des informations analogue à celle à laquelle on assiste le plus souvent en France du fait de la forme (très) dominante d'organisation des sociétés avec un président directeur général (PDG) qui, d'une part, préside le conseil d'administration et, d'autre part, dirige l'entreprise de façon opérationnelle. Avec toutes les dérives que cette concentration des pouvoirs amène. En termes de rémunération des dirigeants bien sûr : en 2009, une étude du cabinet Primeview aboutissait à la conclusion que les patrons français étaient les mieux payés d'Europe... Un signe non pas qu'ils sont meilleurs que tous leurs collègues, mais plutôt qu'ils sont les moins contrôlés effectivement par les autres « parties prenantes » de l'entreprise.

*Le PDG tout-puissant : handicap majeur
de l'industrie française*

Mais aussi et surtout, car les conséquences en sont beaucoup plus lourdes encore pour les salariés et pour le pays, ces dirigeants peuvent, en l'absence de réels contre-pouvoirs, mettre en œuvre leurs lubies. Un des exemples les plus caricaturaux avait été fourni par l'énarque Jean-Marie Messier qui voulait, à la fin des années 1990, transformer la société Vivendi, spécialisée jusque-là dans la gestion de l'eau et des déchets, en un géant de la communication et du divertissement en rachetant des studios de cinéma à Hollywood. Avant de frôler la faillite... Il est toujours difficile de faire la part des différents facteurs dans les difficultés actuelles de l'industrie française, mais le déséquilibre dans la gouvernance des entreprises et les pratiques managériales autoritaires qui caractérisent l'Hexagone y jouent à coup sûr un rôle majeur.

Toujours est-il que les entreprises allemandes ne connaissent jamais une telle concentration de pouvoirs du fait de la structure systématiquement duale, directoire-conseil de surveillance, qui caractérise leur direction. De plus, les représentants des salariés jouent un rôle majeur au sein de ces conseils de surveillance. À ce niveau, trois régimes coexistent outre-Rhin. Dans le secteur du charbon et de l'acier, les représentants des salariés occupent, depuis 1951, la moitié des postes dans les entreprises de plus de 1 000 salariés. De plus, ils désignent le DRH au sein du directoire. Ce régime ne concerne cependant plus aujourd'hui que quelques dizaines de sociétés. Depuis 1952, les représentants des salariés fournissent également un tiers des membres des conseils de surveillance dans toutes les entreprises de plus de 500 salariés. Enfin, depuis 1976, les salariés occupent 50 % des postes au conseil de surveillance des sociétés de plus de 2 000 salariés. Sur ce quota, il doit obligatoirement y avoir un représentant des cadres dirigeants et le président du conseil est toujours un représentant des actionnaires dont la voix est prépondérante en cas d'égalité.

Ces postes sont tenus par des représentants des salariés désignés en tant que tels et non en tant que salariés-actionnaires, comme on l'envisage parfois en France. Et c'est tout à fait légitime : l'actionnariat salarié que les patrons français cherchent souvent à développer pour se protéger et protéger leurs entreprises des offres publiques d'achat (OPA) hostiles est en réalité très risqué pour les salariés. Sur le plan de la sécurité financière, il est très dangereux en effet pour ces derniers de détenir, dans leur patrimoine, une part significative d'actions de leur propre entreprise : si l'entreprise se porte mal, non seulement ils risquent de perdre leur job, mais aussi leur épargne. Cela avait été le cas notamment pour les salariés de la firme Enron aux États-Unis, dont la faillite avait marqué la crise de 2000-2001 : leur épargne retraite avait en effet été placée en actions Enron...

Comme les Allemands l'ont bien compris depuis plus de soixante ans, les salariés n'ont de toute façon strictement aucun besoin de devenir actionnaires, pour avoir très légitimement leur place dans les instances de contrôle des entreprises à côté des représentants des actionnaires.

*Un facteur clé de la compétitivité allemande*

Cette présence massive des salariés dans les conseils de surveillance n'a jamais donné lieu à des fuites préjudiciables aux entreprises, un des principaux arguments généralement mis en avant en France et ailleurs contre ce principe. Elle a au contraire été un des facteurs clés de la compétitivité allemande sur le long terme. En permettant de confronter devant le conseil les points de vue de la direction opérationnelle à ceux des représentants des salariés, elle donne en réalité un bien meilleur niveau d'information aux représentants des actionnaires sur ce qui se passe vraiment au sein de l'entreprise que dans les conseils purement actionnariaux classiques en vigueur en France et dans le monde anglo-saxon. Dans ces structures, les administrateurs sont en effet aisément manipulés par les managers en raison de l'asymétrie d'information insurmontable sur la situation réelle de l'entreprise. C'est pourquoi, la codétermination ne se contente pas de mieux protéger les intérêts des salariés : elle joue un rôle clé pour imposer des stratégies moins court-termistes au bénéfice de l'ensemble des acteurs de l'entreprise, y compris leurs actionnaires. Aux dépens surtout du pouvoir des managers : ceux-ci ont en effet été, le plus souvent, dans les autres pays, à la fois les principaux bénéficiaires réels en termes de revenus des évolutions de la *corporate governance*, censées pourtant mieux servir en priorité les intérêts des actionnaires, et les principaux responsables des difficultés de nombreuses entreprises par les stratégies hasardeuses qu'ils ont pu impunément mettre en œuvre en l'absence de contre-pouvoirs suffisants.

Ce poids institutionnel des représentants des salariés, tant sur le terrain via les comités d'établissement qu'au niveau stratégique dans les conseils de surveillance, oblige en tout cas les directions à se comporter d'une façon beaucoup moins autoritaire vis-à-vis des salariés que dans les entreprises du monde anglo-saxon ou latin. On en a vu en particulier les effets lors de la crise de 2008-2009 : du fait de cette contrainte, les entreprises allemandes n'ont quasiment pas licencié durant la phase aiguë de la crise, bien que la récession ait été quasiment deux fois plus prononcée en Allemagne qu'en France. Ce qui a permis par la suite à l'économie allemande de repartir plus facilement puisque le pouvoir d'achat des salariés a été maintenu. Tandis que les entreprises n'ont pas eu besoin d'embaucher et de former de nouveaux salariés quand les affaires ont repris. À l'inverse, cette association étroite des représentants des salariés aux décisions favorise leur engagement et leur loyauté vis-à-vis de l'entreprise. Ce qui contribue notablement à la compétitivité industrielle du pays, même si beaucoup d'autres facteurs entrent bien sûr en ligne de compte.

On aurait tort cependant d'idéaliser trop la *Mitbestimmung*. Les grandes entreprises allemandes sont aussi de ce fait de lourds paquebots difficiles à manœuvrer. Leurs dirigeants ne peuvent en effet se permettre de mouvements stratégiques audacieux préparés en toute discrétion. La codétermination a d'ailleurs été longtemps vécue outre-Rhin comme « le vestige d'une exception allemande héritée d'une histoire sociale et politique particulière, une réponse datée, en partie déphasée, face aux nouvelles exigences de la gouvernance d'entreprise au niveau international », explique René Lasserre[1]. Et, au moment de l'Agenda 2010, nom donné aux grandes réformes menées par le chancelier social-démocrate Gerhard Schröder au début des années 2000, la pression avait été forte pour s'en débarrasser. Sans succès, heureusement.

## *Des bémols à la* Mitbestimmung

Le pouvoir important que détiennent les représentants des salariés risque aussi de favoriser leur corruption, les chefs d'entreprise cherchant à leur procurer des avantages personnels pour s'attirer leurs bonnes grâces. Les élus du CE et les dirigeants du géant de l'automobile Volkswagen[2] se sont ainsi trouvés mêlés à un scandale de grande ampleur en 2005 : pour obtenir leur accord sur des mesures impopulaires, la direction avait offert aux membres du CE force déplacements dans de grands hôtels avec mise à disposition de prostituées... En 1993, Franz Steinkühler, le charismatique président de l'IG Metall, le puissant syndicat des métallurgistes allemands, avait dû également démissionner de son poste à la tête de ce syndicat après qu'il eut été reconnu coupable d'avoir utilisé les informations recueillies

---

1. *Ibid.*
2. Dont Peter Hartz, le directeur des ressources humaines de Volkswagen, qui a inspiré les quatre grandes lois de réforme du marché du travail que Gerhard Schröder a fait adopter en 2003. Voir p. 154.

au sein du conseil de surveillance de Mercedes pour boursicoter pour son propre compte...

De plus, contrepartie inévitable du pouvoir important dont les représentants des salariés disposent, la codétermination fait peser de lourdes responsabilités sur leurs épaules : s'ils s'opposent à telle ou telle fermeture d'usine, elle ne pourra pas être menée à bien. Mais si, du coup, la situation économique de l'entreprise s'aggrave, la faute risque de leur en être légitimement imputée. C'est une des principales raisons pour laquelle les syndicats français sont en règle générale très prudents, voire réticents, à réclamer des pouvoirs analogues à ceux dont disposent leurs homologues allemands. La division syndicale est également souvent invoquée pour justifier que l'Hexagone ne pourrait pas se couler dans le moule de la codétermination. Il existe pourtant aussi parfois des divergences importantes outre-Rhin entre représentants des salariés au sein d'une entreprise donnée, malgré l'unité des syndicats dans chaque branche d'activité. De plus, il y a lieu de penser que des responsabilités accrues obligeraient les représentants des salariés à rechercher davantage une position commune. Tandis que leur absence actuelle de pouvoir favorise le chacun-pour-soi et les prises de position démagogiques.

Malgré ces limites, la santé industrielle de l'Allemagne valide largement l'intérêt de ce modèle de relations sociales. La *Mitbestimmung* reste cependant très menacée : telle qu'elle est organisée aujourd'hui, la codétermination ne concerne que les salariés des établissements présents sur le sol allemand. Or, la plupart des groupes allemands sont désormais très internationalisés et l'Allemagne ne fournit plus qu'une part de plus en plus minoritaire de leurs effectifs. Se pose dès lors la question en particulier de la représentation des salariés non allemands au sein du conseil de surveillance. Bref, quels que soient les avantages qui en découlent pour l'industrie allemande, la codétermination ne pourra à terme survivre outre-Rhin que si elle s'étend ailleurs, et notamment en France...

En attendant, si l'industrie allemande a nettement mieux résisté que celle des autres pays anciennement industrialisés, et en particulier qu'en France, aux effets délétères de la mondialisation, c'est donc, pour une part non négligeable, parce que l'Allemagne est aujourd'hui, parmi tous les pays capitalistes, celui où on considère le moins les actionnaires comme les seuls propriétaires légitimes des entreprises...

*La banquindustrie en voie de disparition*

En 1991, dans son ouvrage *Capitalisme contre capitalisme*[1] qui avait, à juste titre, marqué profondément les débats français de l'époque autour du « modèle allemand », Michel Albert insistait particulièrement sur une autre spécificité de nos voisins en matière d'actionnariat et de gouvernance des entreprises : la banquindustrie, les liens très étroits qu'entretiennent banquiers et industriels.

En Allemagne, en effet, il était alors fréquent que les banques fournissent du crédit aux entreprises tout en étant également présentes à leur capital. De plus, même lorsqu'elles ne détenaient pas en direct des participations, ces banques représentaient le plus souvent les actionnaires individuels, qui leur avaient confié la gestion de leurs portefeuilles, dans les assemblées générales des sociétés cotées.

1. Michel Albert, *op.cit.*

Elles y faisaient dès lors la pluie et le beau temps : en 1995, elles détenaient ainsi encore 84 % des droits de vote dans les assemblées générales des 24 plus grandes sociétés allemandes dépourvues d'actionnaire majoritaire unique.

Michel Albert, comme de nombreux autres observateurs, voyait dans cette interpénétration entre banquiers et industriels une des explications majeures du caractère moins court-termiste des stratégies des entreprises allemandes par rapport notamment à celles de leurs homologues anglo-saxonnes, soumises, elles, en permanence à la pression d'actionnaires avides et pressés. En effet, dans un tel contexte, les banques n'avaient qu'un intérêt limité à maximiser à court terme bénéfices et dividendes, puisqu'en cas de résultats médiocres, elles pouvaient se rattraper sur les revenus tirés de l'endettement supplémentaire que les entreprises devaient contracter, faute de capacité d'autofinancement suffisante.

Autant la codétermination reste incontestablement une spécificité forte du « modèle allemand » et un des ressorts majeurs de sa compétitivité industrielle, autant la dimension banquindustrie a beaucoup perdu de son importance au cours des vingt dernières années. En effet, les grandes entreprises allemandes sont devenues entre-temps des *global players* : elles ont racheté des sociétés partout dans le monde et développé leurs ventes essentiellement hors d'Allemagne. Dans un tel contexte, elles ont été amenées à diversifier leurs sources de financement, et leurs relations avec les banques allemandes ont beaucoup perdu de leur centralité. De plus, beaucoup de ces groupes ont choisi d'être cotés en Bourse aux États-Unis, parallèlement à la Bourse de Francfort. Du coup, même s'ils continuaient à appliquer la *Mitbestimmung*, ils ont été obligés de se plier davantage aux règles du jeu anglo-saxonnes en matière de rentabilité financière. Ils ont dû en particulier minimiser les frais financiers associés à leur dette, alors que la banquindustrie impliquait bien souvent qu'ils acceptent de la part de leur *Hausbank*, leur banque maison, des taux d'intérêt plus élevés que ceux qu'ils auraient pu trouver par ailleurs sur le marché.

*Les scandales de la banquindustrie*

En outre, plusieurs scandales ont remis en cause la pertinence de ce modèle comme celui en particulier de la déconfiture de la société *Metallgesellschaft* en 1993, dont l'actionnaire principal était la *Deutsche Bank*. Cette affaire avait souligné en effet à quel point, si ce mélange des genres entre actionnaire et créditeur pouvait permettre des stratégies moins court-termistes pour les entreprises, il risquait aussi d'entraîner un manque de vigilance à l'égard de stratégies peu rentables, non seulement à court terme mais aussi à long terme. Le banquier tendait en effet à laisser s'accumuler les dettes qui lui rapportaient d'autant plus gros qu'elles étaient importantes, jusqu'au point où, en réalité, l'entreprise ne pouvait plus les rembourser...

Parallèlement les grandes banques allemandes elles-mêmes se sont également internationalisées. Elles ont voulu à leur tour jouer dans la cour des grands en intervenant davantage sur les marchés financiers, et notamment à la *City* de Londres, tout en se faisant elles aussi coter en Bourse à New York. Dans ce contexte, leurs participations généralement peu rentables au capital des firmes allemandes représentaient plutôt un handicap. Tandis que les plus-values latentes que représentaient ces participations, détenues souvent depuis des dizaines d'années et, pour cette raison, fortement sous-valorisées dans leurs livres de comptes, constituaient une ressource financière potentielle considérable qu'elles souhaitaient pouvoir mobiliser au plus vite pour financer leur expansion internationale.

Les grandes entreprises et les grandes banques commerciales allemandes ont donc décidé au cours des années 1990 de divorcer à l'amiable. Et le pouvoir politique a accompagné cette évolution en changeant les règles du jeu. En 1998, une loi sur « la transparence et le contrôle des sociétés » a retiré aux banques le droit de voter dans les assemblées générales pour les actionnaires qui leur avaient confié la gestion de leurs titres si ceux-ci ne leur avaient pas expressément donné procuration pour le faire. Puis une autre loi a fortement abaissé, à partir de 2002, l'imposition des plus-values de cession des titres détenus par les banques. La *Deutsche Bank* a immédiatement annoncé qu'elle comptait se débarrasser de l'ensemble de ses participations et notamment des 12 % du capital de Daimler ou des 4 % de l'assureur Allianz qu'elle détenait encore à l'époque.

Les grandes banques capitalistes allemandes ont jeté l'éponge de la banquindustrie dans les années 1990, mais les banques publiques régionales détenues par les *Länder*, les *Landesbanken*, ont souvent cherché à prendre leur relais. Cela a été en particulier le cas à grande échelle de la WestLB, la *Landesbank* de Rhénanie-du-Nord-Westphalie. Elle s'est mise dans les années 1990 à jouer au Meccano industriel dans ce *Land*, celui de la Ruhr, cœur traditionnel de l'industrie allemande mais qui souffrait, et souffre encore, beaucoup du recul du charbon et de l'acier. La grenouille WestLB a voulu se faire plus grosse que ne l'avait été jusque-là le bœuf *Deutsche Bank*. Mal lui en a pris (et surtout aux contribuables du *Land*) : la gestion particulièrement hasardeuse de la banque régionale a débouché en 2003, avec 2 milliards d'euros de pertes, sur un des plus grands scandales bancaires de l'après-guerre en Allemagne. La WestLB, même si elle a été la plus exposée, n'était pas une exception : la *Landesbank* de Bavière se trouve elle aussi au cœur de multiples scandales liés à ses investissements hasardeux... Suite à ces épisodes, l'Union européenne avait placé ces *Landesbanken* sous haute surveillance et obligé en 2005 les *Länder* à supprimer la garantie qu'ils leur accordaient.

Bref, le temps de la banquindustrie paraît définitivement révolu en Allemagne. Pour autant, l'Allemagne n'est pas devenue un paradis des marchés financiers. Le capital familial continue de jouer un rôle majeur dans beaucoup de grandes entreprises, comme le géant de l'automobile Volkswagen, où la famille de Ferdinand Piech domine le groupe, le grand groupe de l'édition et des médias Bertelsmann, ou encore Robert Bosch Gmbh, un des plus importants fabricants mondiaux d'équipement automobile, contrôlé par une fondation familiale. Le financement bancaire de la dette reste également largement prédominant par rapport au financement de marché et les OPA hostiles demeurent toujours très improbables... Mais la situation allemande s'est nettement banalisée vis-à-vis des autres pays européens et ne présente plus sur ce plan de spécificités fortes, comme c'était le cas il y a encore vingt ans.

### 1.5. La désinflation compétitive : une drogue dure

C'est bien connu : les Allemands ont une sainte horreur de l'inflation, quand les Français se laisseraient plus volontiers aller à ce péché mignon. Il ne s'agit pas simplement de la part des Allemands d'une superstition irrationnelle liée aux épisodes anciens d'hyperinflation, mais bien de l'arme principale utilisée, consciemment et constamment, depuis la Seconde Guerre mondiale par les dirigeants allemands, avec l'accord du mouvement syndical, pour préserver la compétitivité-coût du pays. Mais cette politique qui était jusque-là supportable dans une Europe à plusieurs monnaies devient pour celle-ci un poison mortel dans le contexte de la monnaie unique, car elle menace de faire exploser la zone euro.

Cette histoire commence en 1923. Cette année-là, l'Allemagne connaît un terrible épisode d'hyperinflation. Tout le monde a croisé ces images dans les livres d'histoire, qui montrent des Allemands contraints d'aller acheter le pain avec des brouettes de billets, tant leur monnaie s'était dévalorisée. Lors du traité de Versailles signé en 1919, la logique de revanche des négociateurs français s'était en effet imposée et des « réparations » gigantesques avaient été exigées de l'Allemagne par les vainqueurs de la Première Guerre mondiale. Au grand dam notamment de l'économiste anglais John M. Keynes qui faisait partie de la délégation britannique lors des négociations du traité de paix. Il dénonça immédiatement ce résultat dans un ouvrage – malheureusement – prophétique : *Les Conséquences économiques de la paix*, publié en 1919. Il tentait d'y expliquer à ses contemporains que « si nous cherchons délibérément à appauvrir [l'Allemagne], j'ose prédire que la vengeance sera terrible ». L'avenir lui a donné raison au-delà sans doute de tout ce qu'il avait pu imaginer alors…

Mais, sur le coup, il ne fut malheureusement pas entendu, comme ce fut également le cas plus tard, après le krach de 1929. Pendant quelques années, l'économie allemande réussit à tenir le choc malgré les réparations colossales à verser aux vainqueurs. Mais, à partir de 1922, la situation se dégrade rapidement et la confiance dans le Mark s'effondre : un dollar, qui valait 420 Marks en juillet 1922, s'échangeait contre 4 200 milliards en novembre 1923... Une fois qu'elle est enclenchée, une telle dynamique de perte de confiance dans la monnaie est très difficile à stopper et tend au contraire à s'auto-accélérer, notamment parce que ce qu'on appelle la vitesse de circulation de la monnaie augmente : chacun cherche à se débarrasser toujours plus vite d'une monnaie qui perd toujours plus rapidement de sa valeur... Nous n'en avons plus l'expérience, mais l'hyperinflation creuse très rapidement les écarts de richesse, phénomène dont les plus faibles – les retraités notamment et tous ceux qui n'ont pas les moyens de faire en sorte que leurs revenus augmentent au même rythme que l'inflation – sont les premières victimes.

Le banquier Hjalmar Schacht, futur président de la *Reichsbank* puis ministre de l'Économie d'Adolf Hitler, réussit à briser le cercle infernal en introduisant fin 1923 une nouvelle monnaie, le Rentenmark. Cette stabilisation se traduisit cependant par la perte de la quasi-totalité des patrimoines financiers détenus jusque-là par les Allemands. Cet épisode laissera un traumatisme très profond dans la mémoire collective allemande. Il n'aurait toutefois sans doute pas continué à influencer aussi fortement les comportements et les mentalités allemandes jusqu'à aujourd'hui, quasiment un siècle plus tard, si son souvenir n'avait pas été redoublé et réactivé par celui de la réforme monétaire menée après la Seconde Guerre mondiale.

*Le traumatisme de la réforme monétaire de 1948*

En 1948 fut en effet introduite une nouvelle monnaie, le fameux Deutsche Mark (DM), en lieu et place du Reichsmark (RM) d'avant guerre. Le DM, créé par les Alliés dans la zone occidentale, fut échangé au taux de 1 DM pour 1 RM pour les 40 permiers RM. Mais, au-delà, ce taux n'était plus que de 1 DM pour 10 RM. Ce qui se traduisit donc, vingt-cinq ans après la première « euthanasie des rentiers » allemands, selon l'expression de Keynes, par une nouvelle mise à zéro des compteurs pour les patrimoines financiers. Ayant perdu par deux fois toutes leurs économies en l'espace d'une génération, les Allemands sont alors bien décidés à ce qu'une telle situation ne se reproduise plus. C'est la raison pour laquelle ils dotent, dès le départ, la nouvelle République fédérale qu'ils bâtissent d'une banque centrale autonome du pouvoir politique, à un moment où cela n'était pas du tout la règle générale. Sa mission principale était très explicitement de tuer dans l'œuf tout risque de dynamique inflationniste. Il n'est pas indifférent de noter que cette banque centrale indépendante est née trois ans avant que le gouvernement fédéral n'obtienne sa pleine autonomie à l'égard des Alliés, un pas qui ne fut en effet franchi qu'en 1951. Au début, cette banque centrale avait été conçue comme un réseau de banques centrales des *Länder* nouvellement créés, sur le modèle de la Réserve fédérale américaine. Une institution centrale, la *Bank Deutscher Länder*, coordonnait le tout. La *Bundesbank* telle que nous la connaissions, avant qu'elle ne se fonde en 1999 au sein de la Banque centrale européenne, date de 1957. La réforme introduite alors centralisa l'institution, privant les banques des *Länder* de l'essentiel de leurs prérogatives, mais la stricte indépendance de la banque centrale à l'égard du pouvoir politique resta au cœur du dispositif.

Celui-ci rendit les services qu'on attendait de lui : dans les années 1960, l'inflation ne fut en moyenne que de 2,6 % en Allemagne contre 4,2 % en France. Même dans les années 1970, marquées dans tous les pays développés par ce qu'on a appelé la « stagflation » – le développement conjoint de l'inflation, sous l'effet en particulier des chocs pétroliers et du chômage –, l'Allemagne avait limité les frais avec 5,1 % d'inflation par an en moyenne contre 8,6 % en France. Dans les années 1980, l'écart se réduisit cependant fortement après le tournant de la rigueur décidé par François Mitterrand en 1983 et l'adoption par les autorités françaises d'une stricte politique de désinflation compétitive sur le modèle allemand. Au point que, dans les années 1990, l'inflation fut légèrement supérieure en Allemagne – 2,4 % contre 1,7 % – du fait, en particulier, du boom lié à la réunification allemande et de la légère accélération de la hausse des prix qu'elle avait suscitée[1]. Mais, dans les années 2000, les niveaux d'inflation ont été quasiment semblables – 1,6 % en Allemagne contre 1,7 % en France.

Cette politique de lutte contre l'inflation n'a cependant pas été seulement le fait de la *Bundesbank* : elle a été l'objet d'un large consensus au sein de la société allemande. Le mouvement syndical, en particulier, a eu un rôle majeur dans sa mise en œuvre, en acceptant le jeu de la modération lors des négociations salariales au niveau des branches, qui jouent en Allemagne un rôle central[2]. Empêchant ainsi que

---

1. Voir p. 117.
2. Voir p. 29.

ne s'engage outre-Rhin la course sans fin entre salaires et prix, qui a fait déraper l'inflation chez nombre d'autres pays européens, comme la France, le Royaume-Uni ou l'Italie notamment.

*Un consensus très large dans la société*

Une telle politique aurait pu être impopulaire : il s'agit en effet de décevoir constamment le souhait des différents acteurs économiques, salariés mais aussi entreprises, commerçants ou professions libérales, de voir leurs revenus s'accroître plus rapidement. Même si une telle dynamique aurait eu toutes chances de nourrir l'inflation généralisée, ce rêve se révélant au final illusoire. Si le consensus s'est constamment maintenu autour d'une telle politique depuis plus de soixante ans, c'est parce que les Allemands en ont tiré de réels bénéfices. Cette politique a en effet permis à l'industrie du pays de conserver en permanence un avantage en termes de compétitivité-coût : dans les autres pays, où l'inflation était supérieure, les coûts supportés par les entreprises augmentaient plus vite, ainsi que leurs prix de vente, entraînant des pertes de parts de marché. Pour compenser ces écarts croissants, ces pays finissaient par dévaluer leur monnaie par rapport au Deutsche Mark, comme ce fut le cas à de nombreuses reprises en France avant les années 1990 : entre 1960 et 1987, la valeur du franc par rapport au Mark a été divisée par 2,9... Mais ces dévaluations permettaient seulement de corriger *a posteriori* les excès antérieurs sans redonner réellement aux pays inflationnistes un avantage compétitif durable. Et aussitôt la machine à perdre des parts de marché se remettait en route : grâce à cette faible inflation, l'économie allemande bénéficiait en réalité d'un avantage permanent. D'autant que la stabilité de la monnaie allemande permettait également au pays de bénéficier de taux d'intérêt plus bas que ceux de leurs voisins, puisque, pour les investisseurs étrangers, le risque de voir la monnaie allemande se dévaluer était nettement plus faible qu'ailleurs. Cette stabilité monétaire a également dopé l'épargne dans un pays vieillissant – l'Allemagne est avec la France un des champions du monde de l'épargne –, renforçant par là même la popularité de la lutte contre l'inflation, ennemi numéro 1 des rentiers qui ne souhaitent pas voir la valeur de leurs placements diminuer.

Dans les années 1990, on avait cependant assisté à un petit regain d'inflation en Allemagne, lié au boom de la consommation engendré par la réunification et l'arrivée brutale de 17 millions de consommateurs supplémentaires dotés d'emblée d'un pouvoir d'achat élevé dû au choix d'un taux de change de 1 Deutsche Mark pour 1 Mark de l'Est[1]. Alors que les autres pays européens, et notamment la France, menaient eux une stricte politique de lutte contre l'inflation. Cela avait même temporairement annulé les excédents extérieurs allemands.

En 1999, cependant, l'introduction de l'euro a de nouveau radicalement changé la donne puisque les ajustements des taux de change sont devenus impossibles entre pays européens. Pourtant, c'est le moment qu'a choisi l'Allemagne, sous la houlette du chancelier social-démocrate Gerhard Schröder, pour relancer et accentuer sa politique traditionnelle de désinflation compétitive à l'égard de ses partenaires européens. Cette politique a lourdement handicapé l'activité en Europe en limitant fortement la demande

1. Voir p. 117.

intérieure allemande, nous y reviendrons[1]. Elle a fait gonfler les excédents extérieurs allemands pour atteindre des sommets inégalés, tout en contribuant à creuser les déficits à des niveaux de plus en plus abyssaux dans les autres pays, alors que les partenaires de l'Allemagne ne pouvaient plus corriger ces déséquilibres extérieurs en ajustant leurs taux de change. Bref, dans le nouveau contexte d'une zone monétaire unifiée, la politique traditionnelle de désinflation compétitive allemande est devenue un poison mortel susceptible de mener la monnaie unique – et avec elle l'intégration européenne – au désastre.

*Un changement de paradigme difficile*

La nécessité impérieuse pour l'Allemagne de modifier son approche de la question de l'inflation dans le cadre nouveau créé par l'euro constitue à coup sûr un des défis politiques les plus difficiles de l'heure. Entendons-nous bien : il ne s'agit pas de demander à l'Allemagne d'accepter désormais sans broncher une hausse des prix de 10 % par an, ni de lui faire admettre que l'inflation dans l'ensemble de la zone euro devrait à l'avenir excéder de beaucoup les 2 % considérés comme la norme aujourd'hui. Pour corriger les déséquilibres accumulés en Europe pendant la première décennie de l'euro, il faudrait simplement que l'Allemagne tolère, sans pour cela se sentir déshonorée et menacée dans son être, d'avoir pendant plusieurs années 3 ou 4 % d'inflation quand l'Italie, la Grèce ou l'Espagne n'en auraient durablement que 1 %... Mais après soixante ans de succès continu de la désinflation compétitive, cela représente un

1. Voir p. 154.

changement de paradigme à peu près aussi difficile à accepter pour nos voisins que cela l'avait été pour le pape d'admettre, il y a quelque cinq cents ans, que le soleil ne tournait pas autour de la terre...

## 1.6. Les hommes et les femmes : le retard allemand

Les succès industriels allemands reposent pour une part non négligeable sur la persistance d'une vision très traditionnelle – pour ne pas dire réactionnaire – de la répartition des rôles entre hommes et femmes. La République fédérale d'Allemagne a été reconstruite après guerre par des chrétiens-démocrates, relativement sociaux mais très conservateurs sur le terrain des valeurs. En particulier sur le rôle des femmes : leur place était d'abord au foyer, auprès de leurs enfants, pendant que l'homme était chargé de gagner l'argent du ménage.

Bien que les années 1968 soient passées par là et que les féministes allemandes aient été plutôt plus virulentes que leurs homologues françaises, la société allemande d'aujourd'hui demeure encore très profondément marquée par ce passé : les femmes y occupent une place nettement plus subordonnée encore qu'en France qui n'a pourtant rien d'un modèle en la matière. Et ce n'est pas seulement une « question de société » comme on dit : cette différence a un impact direct sur le fonctionnement de nos deux économies. En Allemagne, les femmes continuent bien souvent de devoir choisir entre exercer une profession et être mère, une situation qui entretient un rapport étroit avec la très faible natalité qui menace l'avenir du pays.

Cette vision très déséquilibrée de la place des femmes explique aussi la tolérance de la société allemande vis-à-vis de la dualisation croissante du marché du travail et du creusement des inégalités de revenus. Or celles-ci ont été, à court terme du moins, un facteur clé de l'amélioration de la compétitivité-coût de l'industrie allemande – quasiment exclusivement masculine – par le biais d'un niveau de prix des services – essentiellement féminins – particulièrement bas...

Konrad Adenauer, chrétien-démocrate et ancien maire de Cologne avant guerre, a dirigé le gouvernement de la République fédérale sans interruption de 1949 à 1963. Durant cette période, l'Allemagne a connu une spectaculaire prospérité économique. Adenauer a concouru également de façon décisive à la pacification des relations franco-allemandes et au démarrage de l'intégration européenne. Cependant, cette époque a été particulièrement pénible : une chape de plomb conservatrice a constamment pesé sur la société allemande. Elle explique pour une part la tournure violente que prendra la période post-68 en Allemagne. Un lien qu'avait illustré notamment le film *Les Années de plomb* de Margarethe von Trotta, sorti en 1981. Il racontait la vie de Gudrun Esslin, fille de pasteur élevée dans cette Allemagne autoritaire et rigoriste, devenue plus tard une des principales dirigeantes du groupe terroriste, la *Rote Armee Fraktion* (RAF, « Fraction armée rouge »).

Kinder, Küche, Kirche, *les 3 K*

Cette glaciation touchait en particulier le rôle des femmes. Le Kaiser Guillaume II avait popularisé, au début du XX$^e$ siècle, une allitération pour définir sa vision de la place des femmes dans la société allemande : *Kinder,*

*Küche, Kirche*, les enfants, la cuisine et l'église, les 3 K. Adolf Hitler, pour sa part, n'avait pas beaucoup de respect pour l'Église, mais il misait beaucoup sur les femmes allemandes pour donner au IIIe Reich des petits Aryens blonds en grand nombre, pendant que les hommes partaient à la conquête du monde. Avec Adenauer, l'Église avait retrouvé son rôle central dans la société allemande et, après la saignée de la Seconde Guerre mondiale, la question démographique était prioritaire dans la reconstruction de l'Allemagne. On était alors revenu aux « fondamentaux » : les 3 K. Et cela, bien que politiquement les femmes allemandes aient acquis le droit de vote dès 1919 à l'occasion des débuts sociaux-démocrates de la République de Weimar, alors que les Françaises avaient dû attendre 1944.

Depuis les années 1960, les choses ont beaucoup changé bien sûr, et le mouvement féministe allemand a été à bien des égards plus actif et plus constant que son homologue français. Il n'empêche : la société allemande porte encore aujourd'hui de nombreux stigmates de ce passé. Elle est nettement moins égalitaire encore que la société française sur le plan des rapports hommes-femmes. Le taux d'emploi des femmes allemandes, c'est-à-dire la proportion des 15-64 ans qui occupent un emploi, est certes désormais nettement supérieur à celui des Françaises : 68 % contre 60 % en 2011, selon les données d'Eurostat, l'Insee européen. Cela résulte cependant surtout d'un niveau d'emploi très supérieur en Allemagne, chez les hommes comme chez les femmes, chez les moins de 25 ans et les plus de 55 ans. Chez les 25-54 ans, les taux d'emploi des femmes (comme des hommes d'ailleurs) allemands et français restent très proches. Et les femmes allemandes occupent toujours une proportion un peu plus faible de l'ensemble des emplois qu'en France. Mais surtout, derrière ces taux globaux qui semblent plutôt rassurants se cachent des réalités nettement moins réjouissantes pour nos voisines du fait de la nature de ces emplois et de leur niveau de rémunération. Tout d'abord 30 % des femmes françaises occupent un emploi à temps partiel (contre 6,5 % des hommes), une proportion stable depuis une quinzaine d'années. Tandis qu'en Allemagne cette proportion est de 45 % (contre 9 % chez les hommes), un pourcentage en forte progression : il n'était « que » d'un tiers en 1995.

En vingt ans le temps de travail des salariés allemands a été réduit dans des proportions très proches de celui des Français. En 1990, selon Eurostat, nos voisins travaillaient en moyenne 37,9 heures chaque semaine contre 38,4 pour leurs homologues hexagonaux. En 2011, cette durée était tombée à 34,6 heures outre-Rhin pour 35,3 chez nous. Soit dit en passant, les salariés allemands figurent, avec les Néerlandais, parmi les Européens qui, en moyenne, travaillent le moins longtemps chaque semaine ; contrairement aux idées reçues, les Grecs, les Espagnols ou encore les Italiens travaillent beaucoup plus... Depuis le début des années 1990, cette réduction du temps de travail a donc été globalement un peu plus importante en Allemagne qu'en France, malgré l'absence de mesures généralisées analogues à la loi sur les 35 heures. Mais elle a été réalisée d'une façon très différente : essentiellement par le creusement des écarts entre hommes et femmes. En 1991, les salariées allemandes travaillaient en moyenne 33,8 heures et leurs homologues françaises 35,1 heures, soit 1,3 heure de plus. En 2011, les femmes allemandes n'œuvraient plus que 29,8 heures par semaine en moyenne, contre 32,7 pour leurs homologues françaises : l'écart a plus que doublé.

## Hommes-femmes : les écarts se creusent

Du côté des hommes, en revanche, la tendance a été inverse. En 1991, les Allemands travaillaient un peu moins longtemps que les Français : 40,7 heures en moyenne chaque semaine contre 40,9. Alors qu'en 2011, nos voisins travaillent désormais 38,9 heures contre 37,7 pour les Français. Et encore cette baisse de deux heures ne remonte-t-elle guère qu'à la crise de 2009 : celle-ci a entraîné une chute brutale du temps de travail dans le cadre des politiques mises en œuvre pour préserver l'emploi et cette durée n'est pas remontée depuis. Résultat de ces évolutions divergentes : l'écart moyen de temps de travail entre hommes et femmes, qui était de 6,9 heures par semaine en Allemagne en 1991, est monté désormais à 9,1 heures. Alors qu'en France, il s'est réduit depuis vingt ans, passant de 5,8 heures à 5 heures.

Attention : il ne faudrait pas déduire de ce qui précède que le temps de travail des femmes allemandes en poste il y a vingt ans se serait nettement réduit depuis. Cette évolution résulte surtout de l'entrée sur le marché du travail de nombreuses femmes supplémentaires travaillant à temps partiel : le taux d'emploi des femmes allemandes a progressé de 13 points entre 1992 et 2011, contre 8 en France. Et même à temps de plus en plus partiel : en 1991, les femmes allemandes qui n'étaient pas employées à temps plein travaillaient en moyenne 20,8 heures par semaine, en 2011 cette moyenne n'était plus que de 18,6 heures.

C'est l'effet en particulier du développement exponentiel des « petits boulots » payés moins de 400 euros par mois qui bénéficient d'un statut particulier permettant de ne payer que très peu de cotisations sociales. *A contrario*, malgré les 35 heures qui ont nettement diminué le temps de référence du temps plein, le temps de travail moyen des Françaises travaillant à temps partiel s'est accru : il est passé de 22,2 heures par semaine en 1991 à 22,8 heures en 2011. En résumé donc, depuis vingt ans, la réduction du temps de travail a été au global équivalente en Allemagne et en France, mais elle s'est traduite outre-Rhin par une nette aggravation des différences entre hommes et femmes. Alors qu'en France cet écart est resté stable du fait d'une résistance plus forte au développement du temps partiel féminin. Dans ce contexte, les 35 heures ont donc été avant tout un moyen de réaliser en France un « partage du travail » permettant de développer l'emploi, sans creuser les inégalités entre hommes et femmes.

Cette différence dans les temps de travail se traduit naturellement par des écarts très importants au niveau des rémunérations : en 2009, dernière année connue, le salaire brut d'un homme employé à temps plein dans l'industrie et les services allemands[1] a été en moyenne de 43 400 euros, selon Eurostat. Son homologue français n'a gagné lui que 37 500 euros la même année, soit 14 % de moins. En revanche, une Allemande salariée à temps partiel n'a touché en moyenne en 2009 que 14 500 euros, le tiers d'un salarié allemand à temps plein. Tandis que son homologue française a reçu 17 500 euros, 21 % de plus que sa collègue allemande et 47 % du salaire moyen de son homologue masculin français employé à temps plein...

---

1. Dans les entreprises de plus de dix salariés.

## De fortes inégalités salariales

Mais ces différences de salaires ne sont pas seulement dues aux écarts de temps de travail : rapporté à l'heure de travail, l'écart moyen de salaire entre hommes et femmes était de 23 % en Allemagne en 2010, l'un des plus élevés d'Europe, contre 16 % « seulement » en France, juste en dessous de la moyenne européenne. Le niveau particulièrement important des écarts de rémunération entre hommes et femmes en Allemagne tient en particulier à la forte concentration des hommes dans les secteurs les mieux couverts par la négociation salariale collective de branche, et notamment l'industrie manufacturière dont la main-d'œuvre était encore en 2011 masculine à 73 % outre-Rhin (70 % en France). Tandis que les femmes dominent dans les branches les moins protégées par la régulation collective des salaires comme les hôtels, cafés, restaurants, où elles occupent 58 % des emplois (contre 49 % en France). D'où des salaires de misère dans un pays qui ne dispose pas d'un Smic : en 2011, près de 3 millions de salariés allemands (pour l'essentiel des femmes en réalité) travaillaient pour moins de 6 euros de l'heure. De façon significative, les activités de services les mieux régulées sur le plan des rémunérations, comme les banques et la finance, ou encore l'administration publique, sont par contre plutôt moins féminisées en Allemagne qu'en France : les femmes allemandes occupent en effet 51 % des emplois du secteur de la finance contre 57 % en France, et 48 % des emplois de l'administration publique contre 51 % en France.

Le développement rapide des emplois à bas salaires essentiellement féminins a ainsi tiré vers le bas les prix des services en Allemagne dans les années 2000. Les chiffres d'Eurostat sont très parlants : alors que les niveaux de prix sont restés quasiment identiques en France et en Allemagne entre 1999 et 2011 pour les biens, l'écart sur les prix des services marchands, qui étaient déjà inférieurs de 4 % outre-Rhin en 1999, est monté à 13 % en 2011... Cette forte pression sur les prix des services a joué un rôle indirect mais néanmoins déterminant dans l'amélioration de la compétitivité-coût de l'industrie allemande : elle a rendu tolérable en effet la stagnation prolongée des rémunérations des hommes employés dans le secteur industriel car leur pouvoir d'achat réel n'a de ce fait été que peu entamé, vu la très faible évolution du prix des services. D'autant que la rapide extension de l'emploi féminin, même mal payé et à temps très partiel, contribuait dans le même temps à accroître malgré tout les ressources globales des ménages.

Par ailleurs, même si l'on exagère beaucoup l'impact négatif des 35 heures sur la compétitivité de l'industrie française[1], le fait que la réduction du temps de travail, intervenue en Allemagne depuis vingt ans, ait porté quasi exclusivement sur les femmes via le travail à temps partiel a limité les contraintes supplémentaires subies dans ce domaine par l'industrie, activité où en France comme en Allemagne, sont employés une très grande majorité d'hommes. En 2011, un salarié de l'industrie allemande à temps complet travaillait ainsi en moyenne 40 heures par semaine contre 37,7 pour son homologue français, 2,3 heures de moins. Alors qu'en 1992, ce dernier tra-

---

1. Cette réforme a notamment permis un allongement important de la durée d'utilisation des équipements industriels grâce à la création de nouvelles équipes de travail et donné plus de flexibilité aux entreprises pour gérer le temps de travail sur l'année.

vaillait plus longtemps que son camarade allemand : 40,2 heures contre 39,8.

## *Peu de femmes dirigeantes*

Cette subordination des femmes allemandes sur le marché du travail se retrouve au sommet des entreprises : selon les chiffres de la Commission européenne, elles ne représentaient en 2012 que 16 % des membres des conseils de surveillance des sociétés allemandes cotées (contre 22 % en France). C'est un peu mieux cependant que la moyenne européenne qui n'est que de 14 %, les pays scandinaves affichant sans surprise les meilleurs scores sur ce plan. Selon une étude du cabinet de conseil Grant Thornton, les femmes allemandes ne fourniraient par contre que 13 % des cadres dirigeants des principales entreprises, cotées ou non, contre 21 % en moyenne dans les 40 pays du Nord et du Sud qui constituent ce panel et 24 % en France. Il n'y a, selon ce cabinet, qu'au Japon où cette proportion soit encore inférieure. En Europe, de façon inattendue, c'est en Italie que cette proportion serait la plus importante avec 36 % de femmes dans le top management. Tous les pays émergents affichent des pourcentages de femmes nettement plus élevés que l'Allemagne (et la France) dans leur management : 46 % en Russie, 31 % en Turquie, 27 % au Brésil, 25 % en Chine. Il n'y a guère que l'Inde à être encore presque aussi misogyne que l'Allemagne en la matière avec seulement 14 % de femmes parmi ses cadres supérieurs.

Ce n'est pas cependant une spécificité du secteur privé : c'est aussi le cas dans la haute fonction publique. La situation des femmes allemandes y est encore moins favorable que celle de leurs homologues françaises, pourtant fort peu satisfaisante : selon les données rassemblées par la Commission européenne, les Allemandes n'occupaient que 11 % des postes de haut fonctionnaire de rang 1 en 2001 et 17 % seulement des postes de rang 2 contre respectivement 17 et 33 % pour leurs collègues françaises (pour une moyenne européenne de 30 et 39 %, les pays les mieux placés étant notamment… la Grèce et l'Espagne où les femmes occupent quasiment la moitié des postes administratifs les plus élevés…).

Comme partout, cette position secondaire des femmes sur le marché du travail est très liée en particulier à la question des enfants et de leur éducation. Mais celle-ci tient en Allemagne une place nettement plus centrale encore qu'ailleurs à cause de la faiblesse des infrastructures de garde : en 2009, seuls 18 % des enfants allemands de moins de 3 ans étaient gardés dans une structure formelle (crèche, halte-garderie ou équivalent, dont 12 % seulement pendant plus de trente heures par semaine), contre 41 % en France (dont 25 % plus de trente heures). Plus des deux tiers des jeunes enfants allemands sont gardés exclusivement par leurs parents, contre moins de la moitié pour leurs homologues français. Même en Italie, le pourcentage d'enfants gardés dans des institutions formelles collectives est sensiblement supérieur et, en Europe, il est en moyenne de 27 %. Rompant avec plus d'un siècle de tradition conservatrice, le gouvernement dirigé par Angela Merkel a cependant adopté en 2007 une loi censée garantir à tous les enfants allemands le droit à une place en crèche à partir de leur seconde année à compter de 2013. Même si l'ampleur des problèmes démographiques explique pour une bonne part un tel revirement, il n'est pas indifférent que ce soit une femme originaire de l'ex-RDA qui ait pris une telle initiative, malgré de très fortes réticences au sein de son propre parti : l'Allemagne de l'Est était en effet sur le plan à la fois du travail des femmes et de l'éducation des jeunes enfants beaucoup plus proche de la France que de l'Allemagne de l'Ouest, comme toutes les anciennes républiques socialistes...

*De fortes résistances dans la société*

Mais, pour l'instant, la mise en œuvre des décisions annoncées en 2007 a pris beaucoup de retard et on reste encore très loin du compte. Pour des raisons qui ne tiennent pas uniquement à la crise ou à la mauvaise volonté des conservateurs au pouvoir, dans un pays très hostile à toute hausse des dépenses publiques. L'idée même de confier de jeunes enfants à des institutions collectives suscite toujours de profondes réticences au sein de la société allemande : une femme qui reprend un travail à plein temps quelques mois après avoir eu des enfants continue le plus souvent à être regardée d'abord comme une mauvaise mère, une *Rabenmutter*, une « mère corbeau » comme on dit outre-Rhin, car ces oiseaux délaissent très tôt leurs petits. Confier un jeune enfant à une institution collective reste de façon dominante une décision à laquelle on se résout quand on n'a pas le choix, faute en particulier d'un partenaire masculin pour ramener l'argent au foyer, mais, si on le peut, on doit l'éviter. Et cette vision des choses n'est pas seulement répandue dans les milieux les plus conservateurs, elle l'est également dans tous les secteurs de la société allemande.

De toute façon, les ennuis des parents allemands qui voudraient tous deux travailler à plein temps ne s'arrêteraient pas avec l'arrivée de leurs enfants à l'âge de 3 ans : les écoles maternelles n'existent pas en Allemagne et ce sont des *Kindergarten*, des jardins d'enfants, qui en tiennent lieu. Ces institutions souvent privées ne sont pas gratuites et leurs horaires fréquemment limités. De plus, par la suite, la plupart des écoles primaires n'assurent pas de cours l'après-midi (les enfants de 7-8 ans recevaient, en 2009, 643 heures de cours chaque année en moyenne en Allemagne contre 847 en France, 32 % de plus, selon les données de l'OCDE) et sont rarement dotées de cantines, tandis que les organismes de garde collectifs du type centre aéré sont peu nombreux et ont plutôt mauvaise réputation. Cet état de fait entretient bien sûr un rapport étroit avec le faible niveau des dépenses publiques observé en Allemagne[1].

Bref, pour une femme allemande, entre travailler à temps plein pour espérer faire une carrière et avoir des enfants, il faut encore aujourd'hui choisir. Cela reste partout un des déterminants fondamentaux des inégalités hommes-femmes sur le marché du travail, mais l'Allemagne est, avec le Japon, un des pays développés où cet effet est le plus marqué. Et d'ailleurs les femmes allemandes choisissent : au fur et à mesure que leur taux d'emploi s'est élevé, l'Allemagne est devenue, depuis de longues années maintenant, un des pays d'Europe où la natalité est la plus faible. En 2010, 83 % des femmes allemandes de 25 à 54 ans vivant en couple et dépourvues d'enfants occupaient un emploi selon les données d'Eurostat, davantage que leurs homologues françaises. Tandis que les femmes allemandes vivant en couple et ayant des enfants n'étaient plus que 69 % à travailler en dehors du foyer contre 76 % de leurs collègues françaises. Encore faut-il se rappeler qu'un emploi féminin

1. Voir p. 100.

en Allemagne est, comme on l'a vu, beaucoup plus souvent qu'en France un emploi à temps très partiel.

Avant d'entamer l'écriture de cet ouvrage, j'avais la conviction qu'il ne fallait toutefois pas se fier aux apparences : cette situation nettement subordonnée des femmes allemandes dans le monde du travail n'impliquait pas pour autant nécessairement une position tout aussi secondaire dans l'ensemble de la société. En effet, en France, bien que l'écart hommes-femmes soit nettement moindre qu'en Allemagne en termes de temps de travail, les femmes continuent à assumer quasiment seules l'essentiel du travail domestique, notamment lorsqu'elles ont des enfants. Selon une étude réalisée par l'OCDE, les hommes (164 minutes par jour) et les femmes allemandes (269 minutes) consacrent en moyenne plus de temps aux différentes tâches domestiques (cuisine, courses, jardinage, nettoyage, s'occuper des enfants...) que leurs homologues français (136 et 258 minutes). Cependant l'écart de temps de travail domestique entre femmes et hommes est supérieur en France (122 minutes) à ce qu'il est en Allemagne (105). Autrement dit, les femmes françaises d'âge actif qui travaillent nettement plus longtemps en moyenne que les Allemandes et qui ont plus souvent des enfants, sont en réalité beaucoup plus surmenées : elles ont très peu de temps « pour elles » ou pour prendre des responsabilités au sein d'associations, de partis politiques...

*A contrario*, les femmes allemandes, du fait même de la faiblesse de leur temps de travail rémunéré, peuvent se consacrer davantage à la vie de la société bien qu'elles assument elles aussi l'essentiel du travail domestique. Du coup, elles pèsent en réalité davantage au sein du monde associatif, des partis politiques qu'on ne pourrait le croire au vu de leur seule place dans le monde du travail. Cela semble confirmé notamment par le fait que la destinée de notre voisin soit dirigée depuis 2005 par une femme – Angela Merkel –, alors que pareille situation ne s'est encore jamais produite en France, une femme ayant tout juste été brièvement Première ministre au début des années 1990.

## *Peu de femmes responsables politiques*

Pourtant l'examen plus précis des données concernant la place des femmes aux différents postes de responsabilité politiques ne confirme pas un tel diagnostic. Au niveau des communes et des conseils municipaux, on ne comptait en Allemagne en 2011 que 5 % de maires et 26 % de conseillères. Il n'y a qu'en… Grèce et en Roumanie que l'on trouve moins de femmes maires… En France, on dénombre 14 % de mairesses – ce n'est pas brillant mais néanmoins légèrement supérieur à la moyenne européenne de 13 % – et 35 % de conseillères municipales, au-dessus là aussi de la moyenne européenne de 31 %. C'est, sans surprise, en Suède que la proportion de mairesses (31 %) et de conseillères municipales (43 %) est la plus importante. Au niveau des régions, les femmes allemandes occupaient certes, à la mi-2012, 19 % des postes de présidents (3 sur 16) contre 8 % seulement en France (2 sur 26), mais elles n'étaient que 33 % parmi les conseillers régionaux, contre 48 % en France. C'est davantage cependant que la moyenne européenne qui n'est que de 28 %. Au niveau des parlements nationaux par contre les femmes allemandes continuent de disposer d'un avantage substantiel avec 33 % des députés du *Bundestag* contre 27 % seulement à l'Assemblée nationale française, bien que les élections de juin 2012 aient marqué un progrès sensible dans ce domaine. Enfin, le gouvernement allemand ne comptait que 38 % de femmes mi-2012 contre 48 % pour le gouvernement français. Davantage là aussi que la moyenne européenne qui reste seulement de 26 %.

Ces évolutions sont certes récentes en France et doivent beaucoup aux fortes contraintes introduites par les différentes lois successives sur la parité qui n'ont pas eu pour l'instant leur équivalent en Allemagne. Il n'empêche : les femmes allemandes n'occupent donc pas en réalité – ou plus – une position nettement meilleure que leurs consœurs françaises au sein du système politique.

Bref, sur le terrain de la place des femmes, comme sur nombre d'autres, l'Allemagne, traditionnellement conservatrice, diffère en réalité profondément de la Scandinavie social-démocrate, bien que les Français assimilent souvent ces deux espaces. Et pour en revenir au cœur du sujet de cet ouvrage : les succès de l'économie allemande – qui reste très largement une affaire d'hommes du haut en bas de la hiérarchie – reposent pour une part non négligeable sur la subordination persistante des femmes outre-Rhin. Cela permet en effet aux hommes de l'industrie de travailler plus longtemps qu'en France tout en bénéficiant de services bon marché produits par des femmes mal payés. De plus, cela a permis jusqu'ici de limiter les dépenses publiques, les services correspondants restant pris en charge par les femmes dans le cadre domestique. Avec toutefois comme conséquence un déséquilibre démographique très marqué qui menace à terme l'avenir du pays…

## 1.7. Le diplôme ne fait pas tout

Le système éducatif et le mode d'insertion des jeunes dans le monde du travail constituent une des différences les plus frappantes entre l'Allemagne et la France. Ils se caractérisent en effet outre-Rhin par la prédominance de l'apprentissage et par une proportion particulièrement faible de jeunes poursuivant des études universitaires.

Le rôle majeur joué par l'apprentissage est connu et fréquemment envié en France. On ne peut pas comprendre cependant l'efficacité du système de formation initiale allemand si on ne prend pas en compte en même temps le fonctionnement du marché du travail lui-même. En Allemagne, les emplois industriels – et plus généralement les métiers manuels – sont nettement plus valorisés socialement qu'en France. De plus, de réelles possibilités de promotion internes sont ouvertes aux jeunes qui ont démarré leur vie professionnelle dans le cadre de l'apprentissage, ce qui est très loin d'être le cas chez nous. Ce sont ces caractéristiques du marché du travail qui font que ce système est accepté par la société allemande. Et les profondes différences qui persistent entre la France et l'Allemagne sur ce terrain rendent la tentation de copier le modèle de formation initiale allemand largement illusoire.

Cela étant dit, l'avenir de ce système n'est pas pour autant assuré outre-Rhin : le plongeon démographique engagé, les difficultés à intégrer les enfants d'immigrés, les réticences de plus en plus fortes des entreprises à accueillir et encadrer des apprentis et le fait que les Allemands se détournent des études scientifiques et techniques risquent de peser lourd sur l'avenir du pays.

Parmi les pays développés, l'Allemagne est un de ceux qui a misé depuis le plus longtemps sur un haut niveau d'éducation pour tous : en 2009, selon les chiffres de l'OCDE, le club des pays riches, 83 % des Allemands de 55 à 64 ans disposaient d'un niveau d'éducation correspondant au bac ou équivalent, contre 55 % seulement de leurs homologues français. Il y a un demi-siècle, les Français étaient très en retard – 61 % des 55-64 ans des pays de l'OCDE ont un tel niveau d'éducation –, mais l'Allemagne, elle, était en avance. Davantage même, à l'époque, que les pays scandinaves. L'apprentissage en particulier n'a jamais été synonyme en Allemagne de formation courte au rabais, nous y reviendrons. Ce niveau élevé de formation de la main-d'œuvre avait joué un rôle central dans la rapidité de la reconstruction du pays après guerre et dans l'affirmation de sa puissance industrielle.

En quelques décennies, ce *gap* entre la France et l'Allemagne a cependant été quasiment comblé : en 2009, 86 % des Allemands de 25 à 34 ans étaient allés à l'école au moins jusqu'au niveau du bac contre 84 % des jeunes Français. Ce rattrapage marque cependant nettement le pas depuis quinze ans. Entre 1995 et 2009, notre pays a enregistré en effet un recul sensible du taux de scolarisation des 15-19 ans passé de 89 à 84 %. Un recul lié en particulier au faible taux de scolarisation des garçons qui n'est plus que de 83 %. Alors que ce pourcentage est resté stable à 88 % en Allemagne. L'Allemagne a perdu également son avance en matière éducative vis-à-vis de nombre d'autres pays développés : pour les 25-34 ans, la moyenne est en effet désormais de 82 % au niveau du bac dans l'OCDE. Dans cette tranche d'âge, l'Allemagne est dépassée désormais par 14 des 35 pays intégrés à ces comparaisons internationales contre 4 seulement chez les 55-64 ans. En effet, 98 % des jeunes Coréens disposent d'une d'éducation niveau bac ou équivalent de même que 94 % des Tchèques et des Polonais, 91 % des Suédois...

*Le choc de l'enquête Pisa de 2000*

Cette faible progression de la scolarisation en Allemagne et cette perte de leadership dans ce domaine sont le reflet en particulier de l'aversion manifestée par la société allemande à l'égard de la hausse de dépenses publiques au cours des dernières décennies, ainsi que des importantes difficultés d'intégration des jeunes issus de l'immigration. La dégradation des performances allemandes en matière d'éducation de base constitue à terme une des menaces les plus significatives pour le leadership industriel de notre voisin. Sur ce plan, les résultats de la première étude Pisa, *Programme for International Student Assessment*, publiée en 2000 par l'OCDE avaient fait l'effet d'une bombe chez notre voisin. L'organisation avait en effet lancé cette année-là une grande enquête auprès de 180 000 jeunes de 15 ans dans 32 pays pour apprécier leur niveau en matière de compréhension de la langue écrite, ainsi que leurs connaissances mathématiques et scientifiques. Il en ressortait que l'Allemagne se plaçait – sur ces trois dimensions – nettement en dessous de la moyenne de l'OCDE. Elle était même, parmi les pays de l'ex-Europe des 15 un de ceux qui obtenaient les scores les plus faibles. Dans ce test, les performances de la France étaient un peu meilleures, tout en ne dépassant que légèrement la moyenne de l'OCDE. Les deux pays se situaient très loin en tout cas des résultats affichés par les bons élèves coréens ou finlandais. L'Allemagne était de plus, dans cette enquête, le pays de l'OCDE où l'origine sociale des jeunes avait l'impact le plus fort sur leurs résultats scolaires. Cet impact était plus important encore qu'en France, dotée pourtant elle aussi d'un système scolaire particulièrement inégalitaire. Cette situation dégradée était liée en particulier aux mauvais résultats des jeunes issus de l'immigration : l'Allemagne était, derrière la Belgique, le pays de l'OCDE où ce critère avait le plus d'impact sur les résultats des élèves. Comme en France, ces difficultés avaient également un caractère sexué très marqué avec deux fois plus de garçons que de filles en échec scolaire.

À l'origine de ce caractère très inégalitaire du système scolaire de nos voisins, on trouve notamment le fait que l'Allemagne n'a toujours pas adopté le « collège unique » comme celui qui est en place en France depuis les années 1970. Ce sont les *Länder* qui sont responsables de l'organisation de l'école et celle-ci n'est pas uniforme sur l'ensemble du territoire national. Dans la plupart des *Länder*, existe encore un système à trois branches au niveau du collège (qui commence lui-même un an plus tôt qu'en France au stade de notre CM2). Les « bons » élèves vont directement au *Gymnasium*, le lycée, qui a accueilli en 2010 34 % d'entre eux. Ils sont destinés, sauf accident, à poursuivre des études supérieures. Les élèves « moyens » vont dans des *Realschule*, cela a été le cas en 2010 de 26 % d'entre eux. Suivant leurs performances, ils se tourneront ensuite vers l'enseignement professionnel ou rejoindront, pour les meilleurs d'entre eux, le *Gymnasium* au niveau de la première. Les plus « mauvais » élèves sont orientés vers la *Hauptschule*, qui a accueilli 16 % des collégiens en 2010. À l'issue de leur cursus, ils se tourneront obligatoirement vers l'enseignement professionnel. Certains *Länder*, principalement ceux de l'ex-Allemagne de l'Est, sont cependant dotés de collèges uniques, des *Gesamtschule*, analogues aux nôtres. Ils n'accueillaient toutefois en 2010 que 11 % des élèves allemands, même si cette proportion était en légère progression, contrairement aux autres types de collèges. Ce sont principalement les dysfonctionnements croissants des *Hauptschule* destinées aux « mauvais » élèves qui expliquaient les mauvais résultats allemands dans l'enquête Pisa en 2000.

*Une réaction efficace*

En France, les résultats médiocres du système scolaire mis en évidence par l'enquête Pisa de 2000 n'avaient guère suscité le débat. Sans doute parce qu'ils ne faisaient que confirmer les limites que chacun percevait déjà de notre système éducatif et son incapacité à répondre aux hautes ambitions que la République avait naguère placées en lui. Il n'en fut pas du tout de même outre-Rhin. Depuis que Martin Luther était passé par là, à la fin du Moyen Âge, avec la Réforme, qui avait placé au cœur de la pratique religieuse la lecture de la Bible, mise à la disposition du plus grand nombre grâce à l'invention de l'imprimerie par l'Allemand Gutenberg en 1452, nos voisins avaient été parmi les premiers Européens à généraliser l'apprentissage de la lecture et de l'écriture. Il y a cinquante ans, ils étaient encore, nous l'avons souligné, parmi les tout premiers pays développés pour le niveau moyen d'éducation de leur population. Ils se perçoivent donc (à juste titre) comme une nation éduquée et ont parfaitement conscience du rôle que ce haut niveau d'éducation joue dans leur réussite économique.

Avec les résultats de l'enquête Pisa en 2000, ils tombèrent donc de très haut : ils figuraient désormais parmi les mauvais élèves des pays développés. Malgré la forte austérité qu'ils se sont imposée depuis sur le plan des dépenses publiques, ils ont donc cherché à remédier à cette honte nationale en renforçant les moyens affectés au primaire avec une baisse sensible du nombre d'élèves par enseignants, facilitée il est vrai par une démographie en recul, et de ceux affectés au soutien des élèves les plus en difficulté. Et, moins de dix ans plus tard, cet effort a payé, selon les résultats de l'enquête Pisa de 2009 : sur les trois fronts – lectures, mathématiques et sciences –, l'Allemagne est repassée légèrement au-dessus de la moyenne de l'OCDE et devant la France. L'impact de l'origine sociale des élèves sur leurs résultats reste certes supérieur à la moyenne de l'OCDE, mais il est devenu inférieur à ce qu'il est en France, désormais leader mondial en ce domaine...

Après l'âge de quinze ans, les différences sont encore plus marquées entre les systèmes scolaires français et allemand. En 2009, 56 % des jeunes s'étaient engagés en France dans l'enseignement secondaire général. En Allemagne, cette proportion n'était que de 47 %. 53 % des jeunes Allemands ont donc choisi un enseignement secondaire professionnalisant contre 44 % de leurs homologues français. Mais surtout, la quasi-totalité de ces jeunes engagés dans la voie professionnelle – 85 %, soit 45 % de l'ensemble des jeunes Allemands – sont entrés en apprentissage alors que ce mode de formation ne concerne en France que 12 % des jeunes d'une génération.

Le rôle déterminant que joue aujourd'hui encore l'apprentissage en Allemagne entretient un rapport étroit avec un sujet que nous avons déjà évoqué : le poids persistant des « corporations » dans la vie sociale allemande. Cela rend aussi difficile la comparaison des systèmes d'un pays à l'autre car les mêmes mots recouvrent des réalités très différentes : en France, « apprenti » signifie volontiers « jeune taillable et corvéable à merci », qui balaie et fait le café, même si ces réalités évoluent. L'apprenti en Allemagne est intégré à des structures très encadrées et régulées dans le cadre des branches professionnelles. Leur statut est d'autant plus protégé que ces apprentis, loin d'être une population marginale de laissés-pour-compte du système scolaire, forment le gros de la jeunesse allemande.

*L'apprentissage, un système en crise*

Cela dit, ce système, admiré et envié à l'extérieur, traverse en Allemagne même une profonde crise. Depuis le début des années 1990 déjà, les entreprises offrent de moins en moins de places d'apprentissage en leur sein. Soumises, comme leurs homologues en Europe et dans le monde, à des contraintes financières de court terme plus pressantes, et incertaines de leur avenir à moyen terme, elles rechignent de plus en plus à cette forme d'investissement dans le « capital humain ». Former un apprenti ne présente en effet aucun intérêt immédiat pour une entreprise, même si la rémunération de ces apprentis est, en Allemagne comme en France, nettement plus faible que celle des salariés en poste. Une telle action n'a de sens que dans la perspective d'embaucher par la suite ces apprentis censés demeurer durablement dans l'entreprise. Or, de plus en plus d'entreprises n'ont pas une visibilité suffisante pour apporter à leurs apprentis cette garantie implicite d'embauche future et encore moins de carrière.

Au-delà de cette incertitude sur le futur, l'évolution des métiers eux-mêmes rend l'apprentissage souvent moins intéressant : quand les gestes manuels sont de plus en plus remplacés par la surveillance ou la commande de machines, la formation sur le « tas », qui est à la base de l'apprentissage, perd de son utilité. Pour maîtriser les processus industriels, il faut désormais pouvoir comprendre le fonctionnement de la machine elle-même, ce qui appelle une formation plus théorique.

Ce faisceau de causes a amené un déséquilibre croissant entre l'offre et la demande de postes d'apprentis. Pour stopper cette hémorragie, l'Allemagne a introduit à son tour une taxe d'apprentissage en 2004 : les entreprises qui n'accueillent pas suffisamment d'apprentis doivent s'acquitter d'un impôt compensatoire. Par ailleurs, les Allemands ont développé des structures d'apprentissage interentreprises qui se substituent de plus en plus aux structures internes aux entreprises, dominantes jusque-là. Ce qui change profondément la nature de ces formations et les banalise. Enfin, l'État a développé des structures destinées à « parquer » les jeunes qui ont fini leur parcours scolaire mais n'ont pas encore trouvé de place en apprentissage. Malgré la détente intervenue sur le marché du travail ces dernières années, ces dispositifs accueillaient encore près de 300 000 personnes en 2012. Bref, si l'apprentissage a incontestablement concouru jusqu'ici aux succès de l'économie allemande, et en particulier à ceux de son industrie, l'avenir de ce dispositif envié n'est pas forcément aussi solidement établi en Allemagne qu'on le croit ailleurs, et notamment en France...

*Une meilleure insertion des jeunes*

En attendant, l'apprentissage a donc effectivement rendu les services qu'on lui attribue : en 2011, le taux de chômage des 15-24 ans était de 8,6 % en Allemagne contre 22,1 %

chez nous. Notre voisin, ainsi que l'Autriche et les Pays-Bas, dotés de systèmes de formation très proches, sont les seuls pays de l'Union où ce taux est inférieur à 10 %. Depuis vingt-neuf ans, le chômage des jeunes n'est monté au-dessus de la barre des 10 % en Allemagne que pendant dix années, alors qu'en France, il n'est passé sous celle des 20 % que pendant sept ans... Même si on rapporte le nombre de jeunes chômeurs, non plus aux seuls jeunes qui ont ou qui cherchent un emploi, mais à l'ensemble des 15-24 ans, l'écart reste considérable : les jeunes chômeurs représentaient en 2011 8,4 % des jeunes Français contre 4,5 % des jeunes Allemands, un rapport de 1 à 2. Les évolutions démographiques divergentes jouent cependant aussi un rôle non négligeable pour expliquer ces différences : une génération allemande ne compte que 730 000 jeunes, soit 1,8 % des emplois existants, contre 800 000 en France, 3 % des emplois. Un écart important.

L'apprentissage n'est pas seul en cause dans cette meilleure capacité d'intégration des jeunes sur le marché du travail. Intervient aussi la plus grande place faite aux « petits boulots » des jeunes durant leur scolarité classique du fait d'horaires moins lourds. Ils acquièrent ainsi une meilleure connaissance du monde du travail que leurs homologues français. Les jeunes Allemands alternent aussi beaucoup plus fréquemment que les Français emplois et reprise d'études : chez nous, au contraire, toute interruption du cursus scolaire est sanctionnée. Ce qui fait que les jeunes Allemands forment dans l'ensemble à la fois des étudiants plus mûrs, car ils connaissent mieux la « vraie » vie, et des jeunes diplômés mieux préparés à s'insérer sur le marché du travail. Enfin, l'école allemande est moins dominée par le gavage de connaissances et moins marquée par une concurrence scolaire exacerbée que dans l'Hexagone. Du coup, elle prépare nettement mieux les jeunes Allemands à coopérer et à faire preuve d'initiative et de créativité, ce qui facilite également leur intégration plus rapide au monde du travail.

L'autre spécificité marquante du système de formation initial allemand concerne l'enseignement supérieur : l'Allemagne est l'un des pays développés où la part de ceux qui ont suivi une formation universitaire est à la fois la plus faible et celle qui augmente le moins. En 2009, 25,7 % des 25-34 ans allemands avaient suivi des études supérieures contre 25,3 % des 55-64 ans, une progression de 0,4 % seulement en l'espace de trois décennies... Seuls deux autres pays connaissent une telle stabilité parmi les pays développés : les États-Unis et Israël, mais c'est à des niveaux beaucoup plus élevés que l'Allemagne. *A contrario*, en France, cette proportion, qui n'était que de 18 % chez les 55-64 ans, est passée brutalement à 43 % chez les 25-34 ans, une hausse due surtout aux formations courtes BTS et DUT. La France est cependant un des pays où la proportion de jeunes passés par l'université s'est le plus accrue : en moyenne dans l'OCDE elle est passée de 22 à 37 %. Mais, pour l'instant, le caractère toujours très élitiste de l'enseignement supérieur allemand ne semble pas avoir eu d'effet négatif notable sur la compétitivité de l'industrie allemande.

*Un manque croissant d'ingénieurs*

L'économie allemande rencontre toutefois des difficultés croissantes à trouver les ingénieurs et les scientifiques dont elle a besoin. Notamment parce que les jeunes Allemands se détournent de plus en plus des sciences et des techniques pour aller vers le droit, les sciences politiques et humaines, le commerce... Selon le *Verein der deutschen Ingenieure* (VDI), l'association des ingénieurs allemands, il y aurait eu ainsi 65 000 postes d'ingénieurs non pourvus en 2011, un « trou » qui s'élargit rapidement depuis le début des années 2000.

L'immigration pourrait-elle permettre à l'avenir de le combler ? Les graves difficultés que rencontrent les pays d'Europe du Sud en crise ont conduit à une nette accélération des flux migratoires des jeunes diplômés de ces pays vers l'Allemagne. Il semble cependant peu probable que cela suffise à couvrir les besoins de l'économie allemande dans les domaines scientifiques et techniques : pour des raisons linguistiques notamment, l'Allemagne n'est guère en mesure d'exercer un *brain drain* significatif, contrairement aux États-Unis qui parviennent ainsi à compenser les faiblesses de leur système national de formation. Cela pourrait devenir un des freins principaux à la poursuite de la *success story* de l'économie allemande.

Au global, la proportion relativement faible de jeunes dans la société allemande, combinée à un nombre d'heures d'enseignement obligatoire nettement plus limité qu'en France (6 300 heures entre 7 et 14 ans contre 7 400 en France), le poids important de l'apprentissage et le faible pourcentage d'étudiants dans le supérieur se traduisent par des dépenses d'éducation très inférieures à ce qu'elles sont dans l'Hexagone, malgré une meilleure rémunération des enseignants : en 2008, ces dépenses ont représenté 4,8 % du PIB allemand contre 6 % du PIB français, 20 % de moins. C'est un des principaux écarts entre nos deux pays sur le plan des dépenses publiques. Rapportées au niveau respectif des PIB par habitant, les dépenses par jeune sont supérieures de 13 % en France dans le primaire vis-à-vis de ce qu'elles sont outre-Rhin, de 30 % au niveau du collège et de 21 % au lycée. Cet écart culmine à 57 % pour le supérieur court (BTS et DUT). Dans le supérieur long, en revanche, l'Allemagne dépense un peu plus que la France. Ce faible investissement éducatif collectif entretient, nous l'avons vu, un rapport direct avec l'ampleur des inégalités hommes-femmes et la faible démographie qui menace l'avenir du pays[1]. S'il n'a pas eu jusqu'ici de répercussions négatives notables en termes de compétitivité industrielle, il est improbable que cela reste le cas encore longtemps…

Si les jeunes Allemands et leurs familles ne rechignent pas à s'engager dans la voie de l'apprentissage et ne courent pas autant qu'en France après les diplômes universitaires, cela tient cependant pour une part non négligeable à des différences importantes au niveau du fonctionnement du marché du travail.

Les Allemands attribuent tout d'abord une valeur sociale nettement plus élevée que nous au travail industriel et plus généralement au travail manuel. Dans un contexte où les syndicats restent puissants, les relations sociales demeurent également fortement régulées et encadrées au niveau des branches professionnelles, protégeant du coup nettement mieux qu'en France les salariés (davantage que les salariées[2]) du bas de l'échelle dans de nombreux secteurs d'activité. Autre facteur déterminant qui fait que les jeunes Allemands acceptent plus aisément l'apprentissage que les jeunes Français : il s'agit beaucoup moins souvent que chez nous d'une impasse ou d'une voie de garage. Il existe en effet de réelles possibilités de promotion au sein des

1. Voir p. 61.
2. Voir p. 69.

entreprises allemandes pour quelqu'un qui a démarré au bas de l'échelle. Ainsi, par exemple, Jürgen Schrempp, qui fut le président du géant de l'industrie allemande Daimler Benz (Mercedes, EADS...) de 1995 à 2005, avait commencé sa vie professionnelle comme apprenti mécanicien dans cette entreprise avant de grimper progressivement les échelons et d'en prendre la tête. Un parcours quasiment inimaginable en France même si, en Allemagne également, ce type de promotion tend à se raréfier et les étages de direction des grandes entreprises à se remplir de *Herr Doktor* issus des universités (en Allemagne les titulaires d'un doctorat affichent systématiquement ce titre de gloire)...

*Plus de mobilité sociale dans les entreprises*

Les Allemands n'ont pas la « chance » en effet de disposer de nos grandes écoles : tous leurs cadres sont formés dans des universités, ce qui leur donne souvent plus d'autonomie et de maturité. Ce blocage croissant des carrières ascendantes pourrait bien devenir cependant un facteur de grippage significatif du « modèle allemand ». Pour l'instant, l'Allemagne constitue un cas très particulier à l'échelle internationale : bien que son système de formation initiale soit, avec le système français, l'un de ceux qui reproduise le plus fidèlement les inégalités sociales, la mobilité sociale est plutôt plus élevée que la moyenne en Allemagne et la reproduction intergénérationelle des inégalités de revenus plutôt plus limitée qu'ailleurs. Elle y est plus marquée qu'en Finlande ou au Danemark mais équivalente à ce qu'elle est en Suède ou au Canada et nettement plus faible qu'en France, en Italie, au Royaume-Uni ou aux États-Unis. Cela s'explique par la capacité qu'ont eue jusqu'ici les entreprises allemandes à donner leur chance à ceux qui ont démarré au bas de l'échelle. À côté des dispositifs institutionnels qui donnent un réel pouvoir aux représentants des salariés[1], ces possibilités de promotion internes expliquent la forte implication des salariés dans leur entreprise, un des facteurs clés de la réussite industrielle allemande. *A contrario*, le blocage des carrières et le système de castes basé sur le diplôme initial qui caractérise si fortement le monde des entreprises français constituent un des handicaps majeurs de l'économie hexagonale...

### 1.8. Les Allemands et l'écologie : une vieille histoire

Les Allemands sont plus « écolos » que les Français. C'est une affaire entendue, même si elle ne va pas sans certaines contradictions (usage encore répandu du charbon pour la production d'électricité, préférence pour les grosses cylindrées fortement consommatrices de carburant...) et cette attention plus grande à la nature et à l'environnement remonte loin dans l'histoire allemande.

Cette sensibilité particulière a des conséquences importantes pour l'objet principal de ce livre : les contraintes supplémentaires que les Allemands se sont imposées depuis trente ans dans ces domaines sont un des ressorts essentiels du rebond actuel de l'industrie allemande. Celle-ci est, en effet, de ce fait mieux préparée que les autres, et notamment que l'industrie française, aux fortes exigences environnementales qui se généralisent progressivement sous la pression d'une crise écologique qui s'aggrave.

1. Voir p. 39.

Le concept d'écologie lui-même avait d'ailleurs été inventé par un Allemand, Ernst Haeckel, en 1866, médecin et philosophe, qui fit connaître la théorie de l'évolution de Charles Darwin en Allemagne. L'amour de la nature tint aussi une place centrale dès le début du XIXe siècle chez nos voisins dans le cadre du puissant mouvement littéraire et musical du romantisme allemand. Cet intérêt très fort de la société allemande pour la nature donna en particulier naissance en 1895 à un mouvement qui ne possède aucun équivalent chez nous : les *Wandervögel*, littéralement les « oiseaux migrateurs ». De jeunes urbains se regroupaient pour organiser des sorties dans la nature. Une structure véritablement centrée sur la découverte de l'environnement naturel, dont la vocation était très différente d'organisations comme les mouvements scouts, certes eux aussi tournés vers la nature, mais dont le but véritable était à l'époque surtout éducatif et moralisateur, voire paramilitaire.

Des auteurs, inconnus chez nous, mais qui eurent un grand retentissement en Allemagne, comme Ludwig Klages avec son ouvrage *L'Homme et la Terre*, publié en 1913, développèrent très tôt des thèses qu'on qualifierait aujourd'hui d'« écologie profonde » : pour lui le progrès est « un désir de meurtre inassouvi », il n'était aussi « rien moins que la destruction de la vie »... En Allemagne, comme ailleurs mais sans doute davantage encore qu'ailleurs, cette sensibilité écologique avait en effet, au départ, une tonalité franchement conservatrice, voire réactionnaire : la nostalgie de la nature vierge, belle et bonne, détruite par l'industrialisation. Une idéologie profondément étrangère en particulier au mouvement ouvrier, puissant en Allemagne dès la fin du XIXe siècle, mais qui partageait fondamentalement, tant du côté social-démocrate que communiste, le projet prométhéen du capitalisme de maîtrise et de transformation de la nature au service de l'homme. Ce n'est que récemment, dans la foulée de Mai 1968, que ce type de préoccupation est apparu, en Allemagne comme ailleurs, comme une problématique de « gauche ».

### Une écologie d'abord conservatrice

Ce n'est d'ailleurs probablement pas un hasard si, aujourd'hui encore, le *Land* de Bade-Wurtemberg est un des bastions du parti des Verts en Allemagne, alors que c'est l'une des régions les plus conservatrices du pays sur le plan des valeurs où les sociaux-démocrates n'étaient jamais parvenus à prendre pied. Dans ce contexte, on a parfois cherché à rattacher Hitler et l'idéologie national-socialiste à ces préoccupations écologiques. Hitler cherchait certes à récupérer la sensibilité conservatrice allemande à l'égard de la nature pour asseoir sa dictature et justifier la suprématie de la race aryenne. En 1936, la propagande nazie avait ainsi produit un film qui s'intitulait pompeusement *La Forêt éternelle* et proclamait que « c'est de la forêt dont nous venons et qui nous fait vivre ». Mais, au fond, Hitler restait surtout un productiviste forcené pour lequel « il ne devait rester aucun mètre carré de sol allemand inexploité » afin de permettre au peuple allemand de se multiplier et de conquérir le vaste monde.

Quand on aborde cette question de la sensibilité particulière des Allemands vis-à-vis des problématiques écologiques, on aboutit souvent à des explications profondément culturalistes sur le thème de l'« âme allemande » et des effets persistants à travers l'histoire des aventures de ces tribus barbares germaniques, perdues dans leurs forêts profondes, que César n'avait jamais pu soumettre il y a deux

mille ans et qui, du coup, n'ont pas profité des bienfaits de la civilisation romaine en matière de maîtrise de la nature...
Il ne faut pas oublier cependant le poids d'une donnée très concrète, qui joue un rôle majeur dans ce domaine : la densité. L'Allemagne est devenue, à partir du XVIII$^e$ siècle, un espace densément peuplé. Et cela, contrairement à la France, de manière relativement homogène sur l'ensemble de son territoire du fait de son caractère politiquement décentralisé[1]. Cette densification ne s'est pas seulement traduite par une urbanisation croissante, mais aussi par un développement industriel qui a touché tout le pays même si certaines zones, comme la Ruhr notamment, ont été particulièrement concernées.

Dans un tel contexte la question de l'articulation entre l'espace urbain, l'activité industrielle et l'environnement naturel se pose de façon beaucoup plus pressante que dans des pays peu peuplés, comme la France ou les États-Unis. Ceux-ci disposent en effet de grands espaces où la présence des hommes ne se fait encore guère sentir au premier abord, même si souvent, en réalité, les dégâts environnementaux engendrés par leurs activités y sont déjà importants. Une telle densité implique nécessairement une organisation plus précoce et plus stricte de l'utilisation de l'espace et de la préservation de l'environnement naturel. Celui qui s'est déjà promené dans des forêts allemandes ne peut qu'avoir été frappé par l'ampleur des aménagements qui y ont été pratiqués de longue date pour y organiser et encadrer la présence des hommes, en comparaison de ce qui se fait en France dans ce domaine. On dit souvent en France, et ce n'est pas faux, que l'écologie est surtout une préoccupation

---

1. Voir p. 11.

de « bobos » parisiens. Une des différences principales entre la France et l'Allemagne c'est, nous l'avons dit, la présence sur tout le territoire de villes importantes en plus grand nombre : autrement dit, l'Allemagne est un pays où il y a plus de « bobos » et où il y en a partout.

*Démographie et écologie*

Dans cet ouvrage, nous insistons à différentes reprises sur l'une des divergences les plus spectaculaires actuellement entre l'Allemagne et la France : leurs dynamiques démographiques. Les Allemandes ont en effet depuis de longues années déjà beaucoup moins d'enfants – 1,36 enfant par femme en moyenne actuellement – que les Françaises, 2,03. Comme nous le soulignons par ailleurs, cet écart entretient un rapport étroit avec les difficultés persistantes qu'ont les femmes allemandes à mener de front un emploi salarié à temps plein et l'éducation de jeunes enfants du fait de l'absence de crèches, de ce que l'école ne dure pas toute la journée... Du coup, elles choisissent souvent de renoncer à avoir des enfants pour privilégier leur carrière professionnelle. Bien que ce soit évidemment très difficile à quantifier, la forte sensibilité écologique des Allemand(e)s joue probablement aussi un rôle significatif dans une telle évolution. Les Allemand(e)s sont, sans conteste, beaucoup plus conscient(e)s de la gravité de la crise écologique que les Français(e)s et plus inquiet(e)s sur la capacité des hommes à résoudre les énormes problèmes que leurs activités ont créés sur la planète. Dans un tel contexte, il n'est pas illogique non plus qu'ils (elles) hésitent davantage à mettre des enfants au monde.

Moyennant quoi, dans la foulée de Mai 1968 et du profond mouvement qui a secoué la société allemande dans les années 1970, sans doute davantage encore qu'en France, est né en 1980 un parti écologiste – *Die Grünen*, les Verts – qui, aidé en cela par le mode de scrutin proportionnel, fit son entrée au *Bundestag* dès 1983 et eut un groupe parlementaire dès 1987. Les *Grünen* participèrent ensuite à différents gouvernements régionaux dans les *Länder*, le plus souvent en coalition avec les sociaux-démocrates du SPD, avant d'accéder pour la première fois au gouvernement fédéral sous Gerhard Schröder entre 1998 et 2005. Très « raisonnables » sur le plan économique et social, ils ne se démarqueront pas du cours social-libéral suivi alors par le chancelier social-democrate[1]. En mars 2011, ils viennent de prendre, là aussi pour la première fois, la direction d'un *Land* allemand, celui du Bade-Wurtemberg, déjà évoqué, en y surpassant le SPD lors des élections régionales.

La pression exercée par les écologistes depuis trente ans sur la politique allemande, mais aussi la forte sensibilité des Allemands de toute couleur politique à ces questions ont profondément transformé le mode de vie de nos voisins. Bien que l'Allemagne soit désormais un pays où l'industrie pèse deux fois plus qu'en France dans la production de richesse, l'intensité énergétique de son PIB, c'est-à-dire la quantité d'énergie nécessitée pour produire un euro de richesse, est inférieure à celle de la France : 138 kilos d'équivalent pétrole pour 1 000 euros contre 143 en France en 2009, selon les données rassemblées par Global Chance[2]. Cette année-là, chaque Allemand a consommé en moyenne

---

1. Voir p. 139 *sq*.
2. « L'énergie en Allemagne et en France, une comparaison instructive », *Cahiers de Global Chance*, n° 30, novembre 2011, accessible sur www.global-chance.org.

3,84 tonnes d'équivalent pétrole d'énergie contre 4,05 pour un Français, soit un écart de 5 % bien que le climat soit sensiblement plus défavorable outre-Rhin.

*Le gaspillage français*

La France se vante régulièrement que son électricité soit nettement moins cher qu'ailleurs, et notamment qu'en Allemagne, grâce au nucléaire. Et c'est le cas… pour l'instant avec des centrales nucléaires qui ont une trentaine d'années et sont déjà largement amorties : l'électricité coûte quasiment deux fois plus cher en Allemagne qu'en France, tant pour les particuliers que pour les industriels. Mais, du coup, nous la gaspillons aussi allègrement : dans le secteur résidentiel, chaque Français consommait en moyenne en 2009 2 553 kWh d'électricité contre 1 692 pour un Allemand, 50 % de plus (et encore 27 % si on ne tient pas compte du chauffage électrique plus répandu en France)… La situation est analogue dans le tertiaire avec une consommation d'électricité supérieure en France de 36 % quand on la ramène au nombre d'habitants… Malgré les grosses cylindrées et les camions qui encombrent les autoroutes de notre voisin, chaque Français émet aussi en moyenne 1,99 tonne de $CO_2$ dans les transports, contre 1,8 tonne par Allemand. Un effet en particulier de l'étalement urbain particulièrement marqué en France et de la rurbanisation qui fait que de plus en plus de Français, chassés des villes par la spéculation immobilière, habitent dans des zones rurales loin de leur lieu de travail. Et, corrigé des différences climatiques, un logement français consomme 30 % d'énergie de plus par mètre carré qu'un logement allemand… Du côté de la production d'énergie renouvelable, les écarts qui se sont creusés sont impressionnants : en 2010, l'Allemagne disposait de 17 fois plus de puissance photovoltaïque installée qu'en France, de 5 fois plus de solaire thermique (mais c'est bien connu : le soleil brille davantage outre-Rhin…), produisait 16 fois plus de biogaz, avait installé 1,5 fois plus de pompes à chaleur…

Il faut dire que la France est une bien mauvaise référence dans ces domaines : elle est le seul pays d'Europe où la part de l'électricité produite à partir de sources renouvelables soit inférieure aujourd'hui à ce qu'elle était au début des années 1990 et elle est aussi, avec le Royaume-Uni, le pays d'Europe le plus éloigné des objectifs qu'il a promis d'atteindre en 2020 en termes d'énergie en provenance de sources renouvelables.

La principale différence entre Français et Allemands (même si ce n'est pas entre tous les Français et tous les Allemands) sur le terrain des politiques énergétiques concerne le nucléaire. Il faut tout d'abord bien comprendre que les Allemands n'ont pas, et ne peuvent pas avoir, le même rapport que des Français à l'arme nucléaire. Pour des Français, celle-ci n'est le plus souvent qu'une histoire très théorique de valise et de bouton mystérieux que transporte le président de la République. Les essais, quand il y en avait, ont été menés au loin, dans le Sahara profond et à Mururoa, à l'autre bout du monde. Pour des Allemands, la bombe atomique c'est tout à fait autre chose : même si cette histoire s'éloigne, chaque Allemand(e) sait que sa propre ville a bien failli être Hiroshima ou Nagasaki, il y a soixante-dix ans. Certes, diront nombre de Français, mais le nucléaire civil c'est une autre affaire. Pas vraiment : l'un des problèmes centraux que pose le nucléaire civil reste bien l'usage potentiellement militaire, ou terroriste, que l'on peut faire des technologies et des matériaux en usage dans la production d'énergie. On s'en rend bien compte en Iran et on a bien failli le voir en Irak ou encore en Libye. De ce fait, le nucléaire civil est, reste et restera une technologie qui ne peut être mise en œuvre que dans un cadre très contrôlé par un État central fort, exerçant une surveillance policière constante sur et autour de toutes les installations et de tous les maillons de la chaîne. Et cela dans le contexte d'une organisation elle-même centralisée et étatisée du système électrique.

## *Le refus de l'étatisme*

Davantage encore que les arguments à proprement parler environnementaux, notamment ceux concernant les déchets radioactifs dangereux pendant des milliers d'années dont on ne sait pas quoi faire, c'est cela surtout que la plupart des Allemands ne supportent pas : le nucléaire implique nécessairement le règne de l'étatisme dans la sphère énergétique. Or, pour nos voisins, l'étatisme, surtout dans des domaines à fortes potentialités militaires, porte un risque majeur : celui du retour aux folies du XX$^e$ siècle. Tandis qu'en France cet étatisme est au contraire le plus souvent perçu, à droite comme à gauche, comme garant d'indépendance nationale et d'un souci du long terme et d'égalité... Suite à l'accident de Fukushima, les Allemands viennent donc de décider pour la seconde fois[1] en 2011 de sortir définitivement du nucléaire civil, qui représentait jusque-là 23 % de leur capacité de production d'électricité, d'ici à 2022. Alors que les autorités françaises, dans leur majorité, et encore plus les grands

---

1. La première remontait à 1999, mais Angela Merkel avait remis en cause cette décision en 2010.

acteurs du secteur, continuent de miser sur cette technologie pour l'avenir. Ils espèrent toujours faire du nucléaire un des fers de lance de la reconquête industrielle du pays. C'est autour des questions de conversion écologique de l'économie et de transition énergétique qu'on peut, et qu'on doit, relancer le processus d'intégration européenne, mais, sur ce chemin, la question du nucléaire reste et restera une pierre d'achoppement difficile à contourner dans les relations franco-allemandes...

Dans un autre domaine, l'Allemagne recyclait en 2009 73 % de ses déchets d'emballage contre 56 % seulement en France. Enfin, en 2010, l'agriculture française avait absorbé 41 % de plus d'engrais chimique que l'agriculture allemande et, en 2007, dernière année pour laquelle Eurostat communique de tels chiffres, l'agriculture hexagonale avait consommé 2,4 fois plus de pesticides que celle de notre voisin...

Ce gouffre, qui s'est creusé en l'espace de quelques décennies seulement, entre l'Allemagne et la France, résulte de politiques publiques ambitieuses, et notamment de politiques fiscales incitatives, menées avec une certaine constance par-delà les alternances politiques, car elles bénéficiaient d'un large consensus dans la société allemande, même si, bien sûr, le lobbying des uns et des autres continue à s'exercer, notamment dans l'automobile pour éviter aux producteurs allemands de grosses cylindrées de subir une pression réglementaire trop forte. *In fine*, ces politiques ont donné à l'industrie allemande une avance considérable tant dans la maîtrise des technologies liées à l'efficacité énergétique que dans la production d'énergies renouvelables. Les industriels allemands se sont du coup lancés dans des projets grandioses comme Desertec, qui vise à installer de puissantes centrales solaires au Sahara pour alimenter ces régions, mais aussi l'Europe via des lignes sous-marines traversant la Méditerranée. L'industrie allemande menace ainsi au passage de prendre pied dans des zones d'influence traditionnelles de la France en Afrique du Nord. Des projets dont l'avancement effectif reste cependant soumis aux fortes incertitudes politiques qui touchent cette région et aux difficultés économiques résultant de la crise européenne.

*Une avance fragile*

Combien est-ce que le business vert représente d'emplois et d'exportations pour l'Allemagne aujourd'hui ? Impossible à dire parce que cette question, fréquemment posée, n'a guère de sens. La conversion écologique de l'économie et la transition énergétique concernent en effet toutes les branches d'activité, toutes les industries et tous les métiers. Et l'avance de l'Allemagne consiste au moins autant à avoir des artisans chauffagistes, couvreurs, électriciens… au fait de ces problématiques et capables de mettre en œuvre les technologies les plus économes (notamment parce qu'ils sont mieux formés qu'en France) qu'à posséder quelques entreprises leaders dans l'éolien ou le photovoltaïque. Cette avance reste cependant fragile, comme l'a montré la disparition de nombreuses entreprises du photovoltaïque en l'espace de quelques mois en 2011-2012 sous la pression conjointe des restrictions budgétaires liées à la crise des finances publiques en Europe et d'une concurrence chinoise de plus en plus agressive sur ce terrain. Dans ce domaine, comme dans d'autres, l'Allemagne, malgré son avance actuelle, ne pourra pas s'en sortir seule et devra jouer davantage la carte européenne à l'avenir.

### 1.9. Un pays plus libéral qu'on ne le croit

Dans la tête des Français, l'Allemagne est généralement considérée comme un pays de tradition social-démocrate à ranger dans la même catégorie que les pays scandinaves. Il s'agit pourtant d'une erreur de perspective : l'Allemagne d'aujourd'hui est au contraire le résultat d'une domination politique quasi ininterrompue des conservateurs et, sur le plan économique, une construction beaucoup plus libérale qu'on ne le pense généralement. En réaction à l'étatisme nazi, l'Allemagne a été reconstruite en effet après guerre en s'appuyant sur les idées de l'ordolibéralisme, une école d'économistes libéraux allemande dont les idées ont également servi de modèle à la construction européenne depuis les années 1950.

Pour comprendre l'attitude du gouvernement allemand, mais aussi, derrière lui, celle de l'opinion publique dans la crise européenne, il faut avoir en tête cet ancrage libéral.

Contrairement à la France ou au Royaume-Uni, l'Allemagne n'est pas un pays de longue tradition économique libérale. Du côté de nos voisins d'outre-Manche, l'affaire est entendue : Adam Smith ou David Ricardo ont été les « inventeurs » du libéralisme économique. Une théorie affinée par la suite par d'autres économistes britanniques, comme John Stuart Mill ou Alfred Marshall. Et depuis trois siècles, ces idées ont structuré la politique menée sur le terrain de l'économie non seulement au Royaume-Uni, mais aussi aux États-Unis et dans les autres ex-colonies britanniques, même si le libéralisme économique lui-même recouvre une palette assez large de nuances.

Ces thèses ont même résisté aux inflexions qui ont pu temporairement y être apportées aux États-Unis par Franklin D. Roosevelt avec le *New Deal* après la crise de 1929, ou au Royaume-Uni par le *Welfare State* introduit par Lord William Beveridge après la Seconde Guerre mondiale. Margaret Thatcher, Ronald Reagan ou encore George W. Bush ont puissamment revivifié cette tradition au cours des dernières décennies. Mais même quand leurs adversaires sont arrivés aux affaires, comme Tony Blair au Royaume-Uni ou Bill Clinton aux États-Unis, ils se sont eux aussi inclinés devant les vaches sacrées du libéralisme économique, même s'ils les ont mâtinées de davantage de social.

C'est une affaire moins connue, mais le libéralisme économique a profondément marqué également la politique menée en France depuis trois siècles. Au XVIII<sup>e</sup> siècle, Quesnay ou Turgot avaient activement propagé les idées libérales dans l'Hexagone. Ils avaient en particulier beaucoup influencé la politique menée par les derniers rois de France. Des souverains désespérément à la recherche de moyens pour dynamiser l'économie du pays afin de parvenir à nourrir leur peuple, régulièrement au bord de la famine, et à redresser les finances publiques, en permanence menacées de banqueroute. Comme chacun sait, ils n'y parviendront pas et, même si bien d'autres facteurs ont joué, cela contribuera de façon décisive à la chute de la royauté.

Cela n'a pas empêché toutefois ces idées libérales – par nature très hostiles à l'esprit de caste et aux privilèges liés à la naissance – de structurer également les programmes et l'action des révolutionnaires, comme nous l'avons déjà évoqué à propos des corporations[1]. Au XIXᵉ siècle encore, un théoricien comme Léon Walras jouera un rôle déterminant pour approfondir la théorie économique classique tandis que les politiques menées tant par Louis Philippe au cours de la Restauration – qu'on songe notamment à l'« enrichissez-vous par le travail et par l'épargne » de Guizot – que par Napoléon III après la révolution de 1848 ou encore par Auguste Thiers après la Commune seront, elles aussi, structurées par cette pensée économique.

Ce libéralisme était très hostile à tous les « corps intermédiaires » susceptibles de s'interposer entre le citoyen et l'État, comme entre l'individu et le marché. Il explique aussi pour une bonne part l'hostilité largement partagée en France vis-à-vis de la prétention des Églises à intervenir dans la vie de la société, au contraire de ce qui se produit aujourd'hui encore en Allemagne. Autrement dit, en France, l'individualisme libéral-politique, structurant pour notre société depuis les Lumières, a plus souvent qu'on ne le croit fait cause commune avec l'individualisme libéral-économique.

*En France, l'étatisme est perçu positivement à droite comme à gauche*

Devant les difficultés récurrentes à doter la France d'une industrie suffisamment puissante pour tenir tête à celle du Royaume-Uni dans un premier temps, puis de l'Allemagne à partir de la fin du XIXᵉ siècle, ce libéralisme a cependant toujours été mâtiné d'une forte tendance à l'interventionnisme étatique. Depuis les manufactures royales du XVIIIᵉ siècle, censées tirer la modernisation du pays, jus-

---

[1]. Voir p. 29.

qu'aux nationalisations de 1981 en passant par celles de 1945. Malgré ses échecs fréquents, qu'il s'agisse du faible effet d'entraînement des manufactures royales ou du «plan calcul» des années 1980, censé doter le pays d'une industrie informatique performante, cette tradition d'intervention de l'État au-delà de la sphère régalienne traditionnelle (justice, armée, police) reste généralement appréciée plutôt positivement en France.

À gauche d'abord, parce qu'elle est entrée en résonance avec les idées d'«appropriation collective des moyens de production», qui ont été au cœur des programmes socialistes puis communistes depuis le XIX$^e$ siècle, assez vite assimilée à l'étatisation des entreprises. Même si, en pratique, ces entreprises étatisées ont le plus souvent échappé au contrôle, non seulement de leurs propres salariés, mais aussi des représentants élus de la Nation, pour être mises en coupe réglée par l'élite bureaucratique que forment, depuis la fin de l'Ancien Régime, les «grands corps» de l'État dans une France passée, malgré les apparences, sans véritable bouleversement de sa tradition étatiste de la monarchie absolue à la République jacobine.

Mais à droite aussi, l'étatisme en matière économique est souvent perçu positivement parce qu'il répond à une tradition de pouvoir central fort, monarchique puis bonapartiste, réactualisée par la Constitution présidentialiste de la V$^e$ République. Dans l'imaginaire de droite, l'intervention de l'État dans l'économie répond prioritairement à des objectifs de grandeur et d'indépendance de la Nation.

Ces deux traditions ont convergé en particulier dans la résistance à l'occupation nazie au cours de la Seconde Guerre mondiale. Le programme économique établi par le Conseil national de la Résistance pour la reconstruction du pays a illustré ce consensus. Même si les idées du libéralisme économique ont de nouveau beaucoup progressé en France (comme ailleurs) depuis les années 1980 et la chute de l'Union soviétique, ce passé continue de donner à l'interventionnisme étatique en économie davantage de lettres de noblesse dans l'Hexagone que dans la plupart des pays développés. Et en particulier qu'en Allemagne.

*L'Allemagne tard venue au libéralisme*

L'Allemagne pour sa part n'a véritablement découvert le libéralisme économique que tardivement. Karl Marx et Friedrich Engels – avec un mélange de fascination et de répulsion – ont contribué de façon significative à le faire connaître dans le monde germanique après avoir été directement confrontés en Angleterre à ses effets spectaculaires dans le pays capitaliste le plus avancé de l'époque. Après eux, les théoriciens allemands continueront cependant surtout à fournir de grands noms de la critique du libéralisme économique, comme par exemple Friedrich List, pourfendeur du libre-échange et de ses avantages supposés. Avec des théoriciens majeurs comme Max Weber, Werner Sombart ou Georg Simmel, les intellectuels allemands seront, à la fin du XIX$^e$ siècle et au début du XX$^e$, des pionniers de l'insertion de la réflexion économique dans un contexte historique et sociologique beaucoup plus large que les frustes hypothèses des économistes libéraux fondées sur l'existence d'un *homo oeconomicus*, de tout temps resté purement virtuel...

Il faut dire que l'industrie allemande était encore trop faible au XIX$^e$ siècle pour pouvoir supporter le choc du libre-échange et il manquait encore à l'Allemagne de ce temps-là un prérequis essentiel à la mise en œuvre du libéralisme économique : un État fort ! Comme l'a rappelé de nouveau au cours des dernières décennies l'expérience de Margaret Thatcher au Royaume-Uni, le libéralisme économique n'a rien à voir avec une organisation spontanée des marchés et des acteurs économiques. Il nécessite au contraire une volonté politique déterminée et de puissants moyens de coercition étatique pour briser les résistances multiformes des acteurs de la société (corporations, lobbies patronaux, syndicats de salariés...).

Ce n'est qu'après la Première Guerre mondiale que s'est formé, avec l'école dite de Fribourg, le premier groupe influent d'économistes allemands se reconnaissant véritablement dans le libéralisme économique. La ville de Fribourg-en-Brisgau est située dans le Sud de l'Allemagne à la frontière de la Suisse et de la France. Son université – très ancienne, elle a été fondée au XV$^e$ siècle – était, et est toujours, une des plus réputées d'Allemagne. Entre les deux guerres, elle accueillit ainsi des professeurs comme Edmund Husserl ou Martin Heidegger en philosophie. Un de ses enseignants les plus dynamiques à l'époque était un économiste, Walter Eucken (1891-1950), bien connu en Allemagne, mais généralement ignoré à l'extérieur du pays : ses ouvrages n'ont jamais été traduits en français. Il rassembla autour de lui d'autres économistes allemands réputés comme Wilhelm Röpke, Alexander Rüstow, Franz Böhm... Confrontés aux graves désordres qui avaient frappé l'économie allemande avec l'hyperinflation de 1923 puis la crise de 1929, ils en étaient arrivés à la conclusion qu'il fallait refonder l'économie et la société sur des bases plus solides. Au cœur de leur pensée, la notion d'ordre, *ordo* en latin, empruntée à l'évêque du bas Empire romain, saint Augustin.

Elle donnera en particulier son nom à la revue que ce groupe éditera après la Seconde Guerre mondiale, ainsi qu'au corpus théorique qu'ils défendaient ensemble : l'ordolibéralisme.

Par opposition à un libéralisme anglo-saxon, plus teinté de « laisser-faire », et à l'utilitarisme, devenu dominant au XIX$^e$ siècle dans la pensée libérale, qui mettait en avant l'intérêt individuel comme seul moteur légitime des actions en matière économique, ils réaffirmaient, en bons héritiers de la tradition philosophique et religieuse allemande, la primauté des valeurs sur la sphère de l'économie. Celle-ci n'était en effet considérée que comme secondaire et destinée à servir des fins supérieures de nature morale. Si les ordolibéraux n'étaient pas partisans du laisser-faire, ils étaient également très hostiles à l'économie administrée. À l'époque, celle-ci avait pourtant le vent en poupe, portée par les « succès » de l'Union soviétique tels que mis en scène par la propagande stalinienne. Mais elle exerçait aussi son influence très au-delà de l'extrême gauche, comme le montrait par exemple le mouvement « planiste » en France ou le fascisme en Italie.

*L'ordolibéralisme et le gouvernement
par les règles*

Pour les ordolibéraux, l'État a certes un rôle central à jouer dans le bon fonctionnement de la société et de l'économie, mais celui-ci consiste exclusivement à établir des règles précises et à les faire respecter strictement par les acteurs. Et non à intervenir directement dans la production des biens et des services ou à redistribuer des richesses pour corriger les inégalités. Ce rôle est central en particulier en matière de concurrence, domaine où les acteurs économiques dominants ont toujours une fâcheuse tendance à chercher à s'entendre pour prélever des rentes sur le reste du corps social. Dans l'esprit des ordolibéraux, l'édiction de ces règles devait cependant relever d'un processus profondément démocratique et bénéficier de toutes les garanties d'un État de droit, même si ces règles devaient également être suffisamment stables pour structurer durablement le comportement des acteurs économiques et ne pas être soumises aux aléas de la politique politicienne au jour le jour. Dans leur esprit, cela devait se traduire par une sorte de « constitution économique et sociale » définissant les droits et les devoirs des uns et des autres au sein de la société et les mécanismes de pouvoirs et de contre-pouvoirs qui garantissent la pérennité de l'ensemble. Compte tenu de l'expérience allemande de 1923[1], la stabilité monétaire et les moyens institutionnels de la garantir tenaient bien sûr une place centrale dans cette construction intellectuelle : l'ordolibéralisme est la base de cette culture de stabilité si importante aujourd'hui encore en Allemagne.

Bien que l'essentiel de cette doctrine ait été établi avant la Seconde Guerre mondiale, elle n'eut cependant guère le temps d'influencer alors la pratique politique en Allemagne : les idées de l'ordolibéralisme ont été balayées par l'arrivée au pouvoir d'Adolf Hitler en 1933. Il eut immédiatement recours à un interventionnisme étatique massif pour lutter contre le chômage, avant de mettre sur pied une économie de guerre pratiquement totalement administrée et rapidement adossée aux spoliations de tous ordres. Pour comprendre les réactions allemandes face à la crise de l'euro, il faut se rappeler que, pour nos voisins, l'idée de relance

---

1. Voir p. 53 *sq.*

keynésienne, et plus généralement d'intervention publique dans l'économie, n'est pas associée dans la mémoire collective à la naissance de politiques sociales plus avancées comme avec le *New Deal* de Franklin D. Roosevelt aux États-Unis ou l'action du Front populaire et du Conseil national de la Résistance en France, mais plutôt à l'effort de réarmement mis en œuvre à marche forcée par Adolf Hitler, avec les suites que l'on connaît...

*Ludwig Erhard et l'économie sociale de marché*

Après guerre, en revanche, les théoriciens de l'ordolibéralisme eurent une influence déterminante sur la reconstruction de l'Allemagne. Une personnalité très proche de leurs idées, Ludwig Erhard, fut ministre des Finances de l'Allemagne de l'Ouest entre 1948 et 1963 avant de devenir chancelier en succédant à Konrad Adenauer entre 1963 et 1966. Il est considéré comme le père de ce qu'on appelle l'« économie sociale de marché », que les Français assimilent très souvent, et à tort, à un concept d'origine social-démocrate. Et son action fait aujourd'hui encore l'objet d'une véritable vénération en Allemagne : la plupart de nos voisins lui attribuent le miracle économique des années 1950 et 1960. Mais, au-delà de la personnalité de Ludwig Erhard, le succès des thèses ordolibérales dans l'Allemagne d'après guerre s'explique surtout par la profonde défiance qui s'était développée au sein de l'opinion publique à l'égard de toute forme d'interventionnisme étatique, suite au traumatisme laissé par l'expérience nazie. Un rejet encore renforcé par le refus déterminé du modèle soviétique d'économie administrée qui montrait déjà tous ses défauts dans la partie orientale de l'Allemagne.

Ce rejet de l'interventionnisme étatique n'était cependant pas simplement l'expression d'un profond conservatisme très majoritaire dans l'opinion publique allemande. Il était aussi largement partagé par le mouvement ouvrier, syndicats et parti social-démocrate, le SPD. Les sociaux-démocrates s'étaient en effet durement affrontés avant guerre avec le KPD, le parti communiste allemand, qui, dans les années 1930, avait fait du SPD son adversaire principal, favorisant ainsi l'accession d'Adolf Hitler au pouvoir. De plus, le caractère en réalité profondément antisocial du régime soviétique avait été confirmé de façon éclatante aux yeux de tous les Allemands par les émeutes de juin 1953 à Berlin Est. Celles-ci s'étaient produites peu après la mort de Staline, à l'occasion de laquelle des centaines de milliers de Français, emmenés notamment par Picasso et Paul Éluard, avaient manifesté leur émotion et leur profonde admiration pour l'œuvre de ce « grand homme »... Elles avaient été déclenchées par une grève générale spontanée des salariés réclamant des hausses de salaires et de meilleures conditions de travail à un moment où les dures contraintes de l'immédiat après-guerre semblaient pouvoir commencer à être relâchées.

La situation avait dégénéré quand le parti communiste est-allemand avait fait appel à l'armée russe. Celle-ci avait tiré sur les manifestants désarmés, faisant au moins une cinquantaine de morts. Une intense répression s'était ensuivie, entraînant quelque 16 000 arrestations. Alors qu'il faudra attendre la fin des années 1970 pour que le modèle soviétique soit définitivement discrédité en France, la gauche allemande avait été ainsi très tôt convaincue qu'il n'y avait absolument rien à chercher de ce côté-là. Ce que confirmera notamment le ralliement définitif du parti social-démocrate à l'économie de marché et l'abandon de la revendication d'une socialisation des moyens de production lors du fameux congrès du SPD à Bad Godesberg de 1959.

Enfin, les syndicats étaient parvenus dans l'immédiat après-guerre à se réorganiser en formant dans chaque branche professionnelle une seule organisation et non sous la forme d'une constellation de syndicats socialistes, chrétiens et communistes se concurrençant comme en France. Ces syndicats de branche s'étaient rassemblés au sein d'une seule confédération, le DGB (*Deutscher Gewerkschaftsbund*), qui comptait 5,5 millions de membres à sa création en 1949 sur une vingtaine de millions de salariés. Ces syndicats puissants réclamaient certes encore à l'époque, comme le SPD, la socialisation des grandes entreprises, mais ils avaient obtenu très tôt des alliés, soucieux d'affaiblir les grandes firmes allemandes, et notamment celles du secteur du charbon et de l'acier, des pouvoirs étendus pour les représentants des salariés. Du coup, ils ne tenaient en réalité pas vraiment à ce que l'État se mêle des affaires des entreprises[1]. De même, grâce à leur unité, ils avaient pu obtenir la mise en place d'un système de conventions collectives très développé. Ils ne souhaitaient donc pas davantage que l'État intervienne activement dans le champ du droit du travail. Du moment que cela ne remettait pas en cause leur rôle décisif au sein des entreprises et dans la négociation de branche, ils ne voyaient donc pas forcément d'un mauvais œil le caractère fondamentalement libéral et anti-interventionniste de l'« économie sociale de marché » que Ludwig Erhard mettait en place...

1. Voir p. 39.

## L'ordolibéralisme a conquis l'Europe

Cerise sur le gâteau : le corpus théorique ordolibéral convenait également tout à fait aux autorités d'occupation qui n'avaient absolument aucune envie de voir l'Allemagne nouvelle se doter d'un État central fort disposant de moyens d'intervention puissants dans la sphère économique. Ils se réjouissaient en particulier de la mise en œuvre d'une politique de concurrence très stricte de nature à empêcher la reconstitution des puissants *Konzerns* qui avaient nourri le nationalisme allemand et constamment poussé le pays à s'armer depuis la fin du XIX$^e$ siècle.

Pour les mêmes raisons, l'ordolibéralisme exercera également une influence déterminante sur la construction européenne : depuis 1957, c'est en effet autour de ces idées que l'Europe s'est construite sous la forme d'une « Europe des règles ». Elle s'est dotée d'institutions centrales largement dépourvues de moyens d'intervention directe dans l'économie : cinquante-cinq ans après le traité de Rome, le budget européen ne représente toujours que 1 % du PIB européen et on discute surtout aujourd'hui des moyens de le réduire encore. En revanche, les règles européennes, et notamment les règles en matière de concurrence, exercent une influence déterminante sur de très nombreux aspects de la vie des Européens.

Cette conception ordolibérale de la construction européenne convenait non seulement aux autorités allemandes, mais aussi aux autres États, et notamment à la France. Cela évitait en effet la construction d'un État proprement européen auquel il aurait fallu transférer des moyens financiers importants et des éléments significatifs de souveraineté, ce à quoi les dirigeants et l'opinion publique français n'étaient pas disposés, comme l'avait montré en particulier l'échec du projet de Communauté européenne de défense (CED) en 1954. À l'exception de la monnaie unique, qui a constitué un transfert de ce type (et s'est logiquement heurtée à de fortes réticences allemandes), cette logique ordolibérale a été constamment poursuivie jusqu'à aujourd'hui en Europe. Elle se révèle cependant de plus en plus inadaptée, compte tenu de l'ampleur de ce qui a été mis en commun avec la monnaie unique et de la multiplication des échanges de biens, de services, de capitaux : des règles ne peuvent plus suffire à définir des politiques économiques adaptées en Europe et il faudrait désormais pouvoir véritablement décider et agir en commun... Sans surprise, il est particulièrement difficile de convaincre les Allemands, inventeurs de cette Europe-là, de la nécessité de changer de logiciel, même si les réticences françaises aux abandons de souveraineté restent elles aussi profondes...

## L'Allemagne, un pays profondément conservateur

Toujours est-il donc que l'Allemagne, telle que nous la connaissons aujourd'hui, est loin d'être un pays façonné par la social-démocratie, comme on l'imagine souvent en France : sur les cent quarante ans qui nous séparent de la création de l'Allemagne en 1871, la gauche n'a été aux commandes outre-Rhin, en tout et pour tout, que pendant vingt-trois ans. Un peu plus de trois ans pendant la République de Weimar et vingt ans sur les soixante-sept années qui se sont écoulées depuis la Seconde Guerre mondiale... Et encore presque toujours – sauf pendant les sept années de Gerhard Schröder – dans le cadre de coalitions avec tel ou tel parti de droite. À titre de comparaison, la gauche – si on y inclut radicaux et socialistes dissidents – a été aux affaires en France pendant soixante-huit ans depuis 1871, dont vingt-cinq (seulement) depuis la Seconde Guerre mondiale.

Les conservateurs allemands, qui ont modelé le pays, ont cependant toujours été (sauf pendant la période nazie) très influencés par le christianisme social. Si ces conservateurs sont parvenus à garder le pouvoir de façon aussi constante c'est notamment parce que cette fibre chrétienne-sociale leur a permis de limiter les ardeurs socialistes et révolutionnaires. Ainsi le très conservateur Otto von Bismarck, premier chancelier de l'Allemagne nouvelle de 1871 à 1890, a-t-il laissé son nom dans l'histoire comme l'inventeur des systèmes de protection sociale « bismarckiens », car assis sur les salaires et liés au statut d'emploi des assurés sociaux, par opposition aux systèmes « beveridgiens », universels et financés par l'impôt, comme celui mis en place par Lord William Beveridge au Royaume-Uni après la Seconde Guerre mondiale. Il s'agissait à l'époque pour Bismarck de détacher les ouvriers de la jeune et encore fougueuse social-démocratie. Cette préoccupation est toujours d'actualité pour la CDU d'Angela Merkel au pouvoir aujourd'hui, après avoir déjà dirigé le pays pendant toute la phase du « miracle allemand » : très conservatrice sur les sujets de société, elle a cependant toujours fait preuve d'une réelle sensibilité sociale qui lui a garanti jusqu'ici un ancrage populaire relativement solide. Des régions comme la Bavière ou le Bade-Wurtemberg dans le Sud de l'Allemagne ont ainsi paradoxalement été pendant longtemps à la fois des bastions électoraux traditionnels des chrétiens-démocrates et des fiefs de l'IG Metall, le syndicat de branche des métallurgistes, réputé comme le plus dur des syndicats du DGB.

L'Allemagne actuelle est donc le fruit de cette histoire complexe. Elle n'est pas franchement individualiste et se caractérise par une société civile très organisée, avec notamment des organisations patronales et syndicales puissantes [1], mais aussi des églises encore riches et dotées de nombreuses œuvres sociales ainsi qu'une protection sociale développée héritée des chrétiens sociaux qui ont dirigé le pays quasiment sans interruption depuis cent quarante ans. Mais, par ailleurs, l'État est réduit au minimum dans la logique ordolibérale et il intervient très peu dans l'économie. Cela se traduit notamment par des niveaux de dépenses publiques significativement plus faibles qu'ailleurs : 3,9 points de PIB de moins qu'en moyenne dans la zone euro en 2012, 11 points de moins qu'en France et 13 de moins qu'au Danemark. Les dépenses publiques britanniques elles-mêmes sont supérieures de 4,3 points de PIB aux dépenses publiques allemandes...

L'Allemagne est en particulier un des pays développés où l'emploi public est le plus limité : en 2012, le pays n'a consacré que 7,8 % de son PIB à payer les salariés du secteur public. Dans toute l'Europe des 27, il n'y a qu'en République tchèque, en Roumanie et en Slovaquie que ce pourcentage soit (un peu) plus faible. Au Danemark par contre la rémunération des emplois publics pèse 2,3 fois plus lourd qu'en Allemagne, 1,8 fois plus en Suède et en Finlande et 1,7 fois en France. Mais, plus surprenant, c'est également le cas dans des proportions importantes aux États-Unis, 1,3 fois plus, et au Royaume-Uni, 1,4 fois.

---

1 Voir p. 29.

## *L'État faible n'a pas que des avantages*

Est-ce que cet État minimal est un des éléments d'explication des succès industriels allemands ? Ce n'est pas évident en soi : les dépenses publiques ne sont pas seulement un coût, elles permettent aussi de produire des infrastructures collectives, matérielles mais aussi immatérielles, ainsi que ce que les économistes appellent des « externalités positives », comme le renforcement de la cohésion sociale, qui ont un impact indirect sur les performances économiques. Nous l'avons dit[1], l'auto-organisation de la société civile allemande permet de limiter le besoin d'une intervention étatique dans des domaines où celle-ci semble incontournable en France. De même, le développement relativement équilibré des territoires allemands limite les besoins de redistribution horizontale, indispensable dans un pays nettement plus polarisé comme la France. Pour des raisons historiques faciles à comprendre, l'Allemagne dépense aussi significativement moins que la France ou le Royaume-Uni pour sa défense. Sur tous ces plans, le faible niveau des dépenses publiques allemandes n'entraîne donc pas nécessairement d'effet négatif pour le pays. Mais ce bas niveau résulte aussi pour une part non négligeable d'un manque de capacités d'encadrement des enfants, et notamment des jeunes enfants, dans des structures collectives. Cela permet certes des économies de dépenses publiques, mais ce déficit entretient aussi un lien étroit avec la démographie très déprimée du pays et les graves problèmes de vieillissement accéléré que cela lui pose, ainsi qu'avec les

---

1. Voir p. 29.

inégalités entre les hommes et les femmes. Depuis le début des années 2000, l'Allemagne est également un des pays développés qui dépensent le moins en investissements publics, infrastructures de transports, entretien des bâtiments publics : le niveau des investissements ne compense même pas l'usure de l'existant. Le pays n'est certes pas en ruine mais ce ne sont néanmoins pas des politiques qu'on peut poursuivre impunément très longtemps...

L'Allemagne, bien que peu individualiste et marquée par de fortes traditions corporatistes, est donc aussi en même temps, sur le plan économique, un pays beaucoup plus libéral qu'on ne le croit généralement. D'autant, comme le souligne l'économiste Arnaud Lechevalier, qu'avec la politique menée par Gerhard Schröder puis Angela Merkel depuis le début des années 2000 « la République fédérale réactualise l'ordolibéralisme de ses origines aux dépens de son modèle social[1] ». Le faible niveau des dépenses publiques allemandes et la conception ordolibérale qui a structuré le pays expliquent aussi largement la vision qu'ont les dirigeants de notre voisin de l'avenir du continent. On reproche souvent (à juste titre) aux Français de penser l'Europe comme une grande France, mais nos voisins n'échappent pas non plus à un tel reproche. Et, dans l'un comme dans l'autre cas, il y a lieu de douter que cette approche soit adaptée à ce qu'il nous faudrait inventer ensemble...

---

1. Entretien avec Arnaud Lechevalier, chercheur au centre Marc-Bloch de Berlin et enseignant invité à l'université de la Viadrina (Francfort-sur-l'Oder), *Alternatives économiques*, n° 283, septembre 2009.

2

# La réunification et son coût : mythes et réalité

La réunification de l'Allemagne en octobre 1990, après quarante-cinq ans de division et d'occupation étrangère, constitue bien sûr l'événement clé de l'histoire récente de notre voisin. Elle a définitivement clos l'intermède de l'après-guerre en achevant de redonner à l'Allemagne un poids politique, démographique et économique prédominant au sein de l'Europe. Elle a libéré la parole de ses dirigeants qui, après quarante-cinq ans de profil bas, se sont mis à assumer ouvertement ce leadership. Enfin, elle a replacé le pays, provisoirement tourné vers l'ouest au sein d'une Europe amputée, au cœur de la *Mitteleuropa*... C'est elle également qui a ouvert la voie à la monnaie unique et donc indirectement à la crise actuelle, du fait des insuffisances du cadre défini alors. L'Allemagne a surmonté la tâche gigantesque de cette réunification en un temps record, même s'il reste encore de nombreuses séquelles.

Les Allemands de l'Ouest ont cependant le sentiment d'avoir payé très cher pour aider leurs « frères » de l'Est. Et ce n'est pas la moindre des explications à leur forte réticence à faire preuve aujourd'hui de plus de solidarité à l'égard des pays de la zone euro en crise : à cause de la réunification, ils auraient déjà eu à prendre en charge un effort colossal que les autres Européens n'auraient pas eu à assumer. Ce diagnostic, largement partagé en Allemagne, est pourtant en grande partie erroné.

À plusieurs égards, la réunification a été aussi une bonne affaire pour l'économie allemande qui a trouvé ainsi à la fois des débouchés supplémentaires et le moyen de se doter de capacités de production plus modernes. Sans compter les avantages tirés par l'économie allemande des relations économiques intensives rétablies dans la foulée avec les pays d'Europe centrale et orientale [1]. Quant aux coûts liés à cette réunification, ils ont été certes élevés pour les Allemands de l'Ouest mais ils ont également été généreusement transférés vers les autres Européens, via la politique monétaire non coopérative menée par la *Bundesbank* dans les années 1990. C'est cette politique qui est à l'origine de la récession de 1993 et de la profonde crise européenne qui l'a suivie.

### 2.1. La surprise de la réunification

Tout avait démarré le 9 novembre 1989. Ce jour-là Günther Schabowski, porte-parole du gouvernement d'Allemagne de l'Est, tenait une conférence de presse pour expliquer un projet d'assouplissement de la législation sur les visas de sortie après plusieurs mois déjà de manifestations importantes et de départs en masse d'Allemands de l'Est qui quittaient le pays via la frontière hongroise désormais ouverte vers l'Autriche. Suite à une question d'un journaliste italien, Schabowski lâche une phrase ambiguë qui peut signifier que les citoyens de la RDA sont désormais autorisés à sortir

---

1. Voir p. 193.

du pays sans formalité particulière. Le soir même les points de passage du mur qui divise Berlin en deux depuis 1961 sont pris d'assaut et, sauf à provoquer un bain de sang, le pouvoir est contraint de laisser faire.

Alors qu'en juin 1989 le futur chancelier Gerhard Schröder avait encore estimé que toute réunification était inenvisageable et qu'Erich Honecker, le terne leader de la RDA, promettait que le Mur tiendrait encore cent ans, celui-ci était tombé sans coup férir en l'espace d'une nuit. La RDA elle-même ne lui survivra que quelques mois : la réunification interviendra le 3 octobre 1990. Il faudra cependant pour cela obtenir au préalable l'accord des vainqueurs de la Seconde Guerre mondiale, puisque l'Allemagne restait encore formellement un pays occupé en l'absence de traité de paix en bonne et due forme. Ce sera fait avec le traité 2 + 4 (RDA et RFA + États-Unis, Royaume-Uni, Russie et France) signé à Moscou le 12 septembre 1990. Cet accord fut complété par un traité avec la Pologne signé le 14 novembre 1990 qui reconnaissait la ligne Oder-Neisse comme frontière entre les deux pays, entérinant ainsi définitivement la perte des territoires de la Prusse-Orientale. Berlin, la nouvelle capitale de l'Allemagne réunifiée, se retrouvait ainsi à quelques dizaines de kilomètres de la frontière polonaise. Une position qui n'est pas indifférente pour comprendre le changement d'attitude des dirigeants allemands vis-à-vis du reste de l'Europe depuis leur départ de Bonn, dans la vallée du Rhin à quelques dizaines de kilomètres de la frontière française.

François Mitterrand, alors président de la République, fut, parmi les Alliés, un des plus réticents à l'égard de la réunification. Il faisait assez volontiers sienne, dit-on, la formule attribuée à l'écrivain François Mauriac : « J'aime tellement l'Allemagne que je préfère qu'il y en ait deux. » Difficilement compréhensible aujourd'hui, cette défiance doit être resituée dans son contexte : François Mitterrand était né en 1916, en pleine Première Guerre mondiale, et toute sa jeunesse avait été gâchée dans les années 1930 et 1940 par l'Allemagne hitlérienne. Il appartenait à une génération de dirigeants français qui avaient certes compris que le traité de Versailles de 1918 et les conditions léonines imposées alors à l'Allemagne vaincue avaient été une grave erreur qui s'était retournée ensuite contre la France et les Français. Les habitants de l'Hexagone avaient majoritairement accepté les efforts de rapprochement entrepris dans l'immédiat après-guerre par Robert Schuman ou Jean Monnet, les pères de l'Europe, et poursuivis ensuite par le général de Gaulle lui-même, après son retour au pouvoir en 1958, notamment avec la signature du Traité franco-allemand de janvier 1963. Mais, sur le fond, la méfiance de nombreux Français(es) de cette génération restait vive et la perspective d'une Allemagne réunifiée de 80 millions d'habitants dominant nettement l'Europe inquiétait nombre de celles et ceux qui avaient connu ces périodes difficiles.

### *Le deal autour de l'euro*

La négociation entre François Mitterrand et Helmut Kohl, à l'époque chancelier de la République fédérale, sur la réunification se noua autour de l'euro : accord de la France pour une Allemagne réunifiée contre un accord de l'Allemagne pour aller rapidement vers une monnaie unique européenne, un projet défendu de longue date par les dirigeants français. Le franc avait en effet largement perdu son statut de monnaie forte et le Deutsche Mark donnait seul le *la* en Europe : une monnaie unique européenne, outre ses avantages intrinsèques dans un monde dominé par des géants comme la Chine et les États-Unis, était donc aussi un moyen pour les autorités françaises de retrouver de nouveau un peu de pouvoir sur la politique monétaire menée en Europe. Pour Helmut Kohl et de nombreux dirigeants allemands de droite et de gauche, la monnaie unique n'était cependant pas simplement une concession indispensable pour obtenir l'accord de la France à la réunification. Elle était aussi un moyen d'ancrer définitivement l'Allemagne en Europe et de la protéger contre elle-même des tentations de *Sonderweg*[1] que la chute du Mur et la réunification risquaient de réveiller un jour. Il n'en reste pas moins que de nombreux Allemands ont, aujourd'hui encore, le sentiment qu'on leur a, à l'époque, « extorqué » l'euro et volé le Deutsche Mark en prenant en otage la réunification. Et ce n'est pas le moindre des éléments qui contribue à expliquer l'intransigeance et le dogmatisme des dirigeants et de l'opinion publique allemands dans la crise actuelle de la zone euro.

### 2.2. Une OPA de l'Ouest sur l'Est

La réunification elle-même fut en pratique une OPA de l'Allemagne de l'Ouest sur l'Allemagne de l'Est, tant sur le plan politique qu'économique. Sur le plan institutionnel, elle se traduisit en effet par l'extension à l'ex-RDA de la

---

1. Littéralement, la « voie particulière » qu'a suivie l'Allemagne dans l'histoire, et notamment au XX$^e$ siècle pour le malheur de son peuple et de ses voisins.

*Grundgesetz*, la Loi fondamentale régissant jusque-là l'ouest de l'Allemagne. Celle-ci avait pourtant été mise en place en 1949 comme un cadre provisoire et devait être remplacée par une véritable Constitution à l'occasion de la réunification future du pays. Au final, ce ne fut donc pas le cas : il s'agissait certes de gagner du temps par rapport à une longue négociation constitutionnelle entre les deux États pour mettre sur pied de nouvelles institutions communes. Mais cette procédure expéditive traduisit aussi la réalité du rapport des forces entre les deux Allemagnes au moment où elles se sont réunies.

Le 3 octobre 1990, la République fédérale passait ainsi donc d'un coup de 64 à 80 millions d'habitants, un gain de population de 25 % : l'Allemagne nouvelle distançait désormais nettement la France et ses 58 millions d'habitants de l'époque. En termes de puissance économique, le gain était cependant nettement plus modeste : le PIB allemand passait en 1991 de 1 420 à 1 530 milliards d'euros, une hausse de 8 % seulement.

Entre-temps, Helmut Kohl avait décidé en mai 1990 d'adopter un taux de change de 1 Deutsche Mark pour 1 Mark de l'Est pour les salaires, les loyers ou les retraites. Une décision très politique prise contre l'avis d'à peu près tous les experts et notamment contre celui de la *Bundesbank* qui plaidait pour un taux de 2 Marks Est pour 1 Deutsche Mark. Le taux de 1 pour 1 ne s'appliquait cependant ni aux patrimoines financiers, convertis au taux de 1,8 pour 1, ni aux dettes, comptabilisées à 2 pour 1. Ce taux de conversion élevé confortait certes le pouvoir d'achat des Allemands de l'Est, mais il préparait aussi un ajustement économique difficile par la suite, dans la mesure où le coût du travail à l'est de l'Allemagne excédait désormais largement le niveau de productivité de l'économie léguée par l'ex-RDA : en 1990, un Allemand de l'Est produisait en moyenne quatre fois moins de richesses qu'un Allemand de l'Ouest...

*L'industrie est-allemande en décrépitude*

Ce fut d'ailleurs une des surprises de la réunification de constater à quel point l'appareil productif de l'ex-RDA était délabré. Parmi les pays de l'ex-bloc soviétique, la RDA avait en effet la réputation d'être le plus avancé et le plus performant sur le plan industriel. Mais, comme dans tout le bloc de l'Est, les années 1980 avaient été une période de glaciation et de blocages persistants. Dans les années 1960 et 1970, la RDA avait sans doute pu disposer d'une technologie qui n'était pas trop en retard sur les Occidentaux, mais ce n'était plus du tout le cas au début des années 1990. Cette faible productivité ne résultait d'ailleurs pas seulement de l'obsolescence des machines : elle était aussi le résultat des dysfonctionnements intrinsèques au système d'économie administrée copié sur celui de l'Union soviétique.

Juste après la réunification, j'ai eu l'occasion de m'entretenir avec un ancien ouvrier d'une usine modèle d'Iéna, en ex-RDA. Cette usine était la seule à produire à l'époque de la fibre optique pour tout le bloc de l'Est. En théorie donc, elle devait être un sommet de la *high tech* d'Allemagne de l'Est. Mais cet ouvrier m'avait expliqué qu'en réalité lui et ses collègues passaient l'essentiel de leurs journées à prélever la pâte de verre qui devait théoriquement servir à fabriquer la fibre optique pour produire artisanalement des carreaux de fenêtres à l'aide d'un fer a repasser. Carreaux qu'ils revendaient ou troquaient ensuite avec leurs amis et connaissances contre d'autres produits de consommation courante tout aussi introuvables en ex-RDA...

Bref, il ne tarda pas à apparaître lors de la réunification que tout ou presque était à refaire dans l'est de l'Allemagne. D'abord le bâti, qui avait été très peu entretenu depuis quarante-cinq ans, voire, dans certaines zones, jamais reconstruit après les destructions de la guerre. Une ville comme Potsdam, la ville des rois de Prusse à proximité de Berlin, tombait littéralement en ruine... L'essentiel du chauffage individuel fonctionnait à base de briquettes de tourbe. C'est-à-dire la forme la plus polluante qu'on puisse imaginer de chauffage aux énergies fossiles, génératrice non seulement de grandes quantités de $CO_2$ mais aussi de dioxyde de soufre causant des pluies acides et d'un épais smog toxique à l'odeur âcre très caractéristique qui recouvrait en permanence toutes les villes d'Allemagne de l'Est.

L'économie administrée des ex-pays communistes avait en termes d'efficacité énergétique et plus largement d'impact écologique des performances infiniment plus désastreuses encore que celles des États-Unis et des autres pays capitalistes les plus négligents sur ces questions. C'était le cas dans tout l'ex-bloc soviétique, mais cela concernait au premier chef l'ex-RDA, plus industrialisée que les autres. Pour ces raisons, mais aussi à cause de l'obsolescence des technologies et des équipements, il n'y avait quasiment rien à récupérer de l'appareil industriel d'Allemagne de l'Est. Le pire était atteint sur ce plan dans la région de Bitterfeld, dans le *Land* de Saxe-Anhalt, qui concentrait l'industrie chimique est-allemande dans des conditions environnementales épouvantables Il fallait donc repartir de zéro. Mais non seulement les installations industrielles est-allemandes ne valaient rien mais les entreprises non plus : ces ex-entreprises nationalisées qui furent immédiatement privatisées ne pouvaient pas tenir le choc de la concurrence face aux produits occidentaux. Et ce n'était pas seulement une question de technologies obsolètes : il faut voir des films comme *Good Bye, Lenin!*, réalisé par Wolfgang Becker en 2003, pour mesurer ce qu'était à l'époque, en termes de design notamment, l'offre de produit est-allemande.

### *Le travail de titan de la* Treuhand

La tâche de privatiser le tissu industriel est-allemand fut confiée à une institution créée dans ce but en RDA en mars 1990, avant même la réunification : la *Treuhandanstalt*. Au moment de la réunification, la *Treuhand*, comme on disait familièrement en Allemagne, gérait quelque 14 600 sociétés occupant 4,1 millions de personnes (plus de la moitié des 7,8 millions d'emplois que comptait alors l'Allemagne de l'Est), réparties dans 45 000 établissements. L'affaire fut menée rondement : en 1994, la tâche de la *Treuhand* fut considérée comme terminée et l'institution dissoute. Les entreprises qu'elle avait vendues entre-temps ont trouvé preneur dans 5 % des cas auprès d'entrepreneurs de l'est de l'Allemagne, dans 10 % des cas chez des investisseurs étrangers et, pour le reste, soit l'énorme majorité, chez des entreprises d'Allemagne de l'Ouest. Compte tenu du mauvais état de l'appareil productif est-allemand, les rentrées tirées de ces privatisations ont été très inférieures aux attentes initiales : elles n'ont guère représenté qu'environ 10 milliards d'euros, soit 0,5 % du PIB allemand de l'époque. *A contrario*, la *Treuhand* conservait un lourd passif – 170 milliards d'euros – au moment de sa dissolution. Celui-ci fut transféré en 1995 à un fonds spécial, le *Erblastentilgungsfonds*, littéralement « fonds d'amortissement des charges héritées », qui était alimenté par les bénéfices de la *Bundesbank* et les recettes exceptionnelles de l'État allemand, notamment les ventes de fréquence de téléphonie mobile. En 2009, quatorze ans plus tard, ces dettes étaient définitivement éteintes. Cette expérience réussie sert d'ailleurs de référence à la proposition formulée en 2010 par les Sages qui conseillent le gouvernement allemand en matière économique de constituer un fonds européen analogue pour mutualiser une partie des dettes des États de la zone euro.

Ce processus de privatisation massif et très rapide a donné lieu à de nombreuses difficultés. La *Treuhand* n'avait pas en particulier les structures suffisantes pour vérifier le sérieux de tous les acheteurs ou le respect ultérieur des engagements pris lors de la privatisation, ce qui donna lieu à plusieurs scandales. Du coup, beaucoup d'Allemands de l'Est ont eu le sentiment que ce démantèlement à peu près complet de l'appareil productif hérité de la RDA résultait d'une sorte de complot ouest-allemand pour éliminer des concurrents potentiels. On aurait certainement pu faire mieux, même si la critique est, comme toujours, beaucoup plus facile que l'art, mais il faut bien reconnaître qu'au regard non seulement des standards de qualité des produits sur les marchés européens, mais aussi des conditions sociales et environnementales de leur production, il n'y avait en effet quasiment rien à sauver dans le tissu industriel est-allemand…

Parallèlement, la restructuration de l'appareil d'État et des administrations locales fut elle aussi menée en un temps record. Grâce notamment à un système intelligent de « parrainages » : les différents *Länder* et communes de l'Est étaient associés à des territoires de l'Ouest, en charge de les aider à se mettre à niveau et à assimiler les procédures administratives de la *Bundesrepublik* désormais également en vigueur à l'Est. Là aussi tout ne s'est pas bien passé : de nombreux fonctionnaires de l'Est ont ressenti une forme de mépris et d'arrogance de la part des *Wessis*, les Allemands de l'Ouest. De nombreux postes de dirigeants administratifs ont été accaparés par des parachutés de l'Ouest, ignorant des réalités locales, suscitant beaucoup de grincements de dents. Accessoirement, la réunification a été aussi, sous cet angle, une bonne affaire pour l'Ouest en donnant à ses cadres administratifs débouchés et perspectives de carrières supplémentaires...

*Un retour en arrière pour les femmes est-allemandes*

Le choc de la réunification fut également difficile à vivre pour la société est-allemande sous un autre angle. Celle-ci était en effet à bien des égards plus proche de la société française que de la société ouest-allemande.

C'était frappant tout d'abord au niveau de l'urbanisme. Nous avons déjà souligné l'état déplorable du bâti ancien en Allemagne de l'Est. Le régime avait cependant construit un nombre non négligeable de « grands ensembles » modernes, à peu près aussi réussis que les nôtres, une forme d'urbanisme quasiment inconnue en Allemagne de l'Ouest. Comme ce fut le cas initialement en France, ces cités apportèrent cependant un réel progrès en RDA où les logements anciens n'ont jamais été rénovés : ces appartements comportaient en effet de vraies salles de bains et étaient dotés d'un chauffage central. Pour ces raisons, ces logements étaient très recherchés par les Allemands de l'Est. Aujourd'hui largement délaissés, ils constituent un des abcès de fixation persistants des difficultés sociales post-réunification dans l'est de l'Allemagne.

Mais surtout, contrairement à l'Allemagne de l'Ouest[1], la RDA avait favorisé l'insertion des femmes sur le marché du travail : en 1986, elles occupaient quasiment la moitié des emplois. Les femmes d'Allemagne de l'Est avaient droit à un congé maternité d'un an, mais, au-delà de cette année, 80 % des jeunes enfants étaient accueillis dans des crèches publiques et ce ratio était quasiment de 100 % dans les villes... La réunification a consisté dans ce domaine aussi à adopter pour l'essentiel les standards en vigueur en Allemagne de l'Ouest. Et pour les femmes d'Allemagne de l'Est, cela a représenté un formidable retour en arrière.

### 2.3. Un processus coûteux mais aussi profitable

La réunification a incontestablement été pour toute l'Allemagne un processus difficile et coûteux. Les chiffres varient suivant les sources et le périmètre pris en compte, mais, au bout du compte, on estime généralement que l'aide apportée à la reconstruction des infrastructures en Allemagne de l'Est a représenté, depuis 1990, 250 à 300 milliards d'euros, entre 10 et 12 % du PIB actuel de l'Allemagne, mais de 2 à 2,5 fois celui de l'ex-RDA en 1991... Et le résultat sur ce plan est spectaculaire : pour ceux qui l'ont connu avant la chute du Mur, l'est du pays est méconnaissable. Quiconque ne sait pas où passait autrefois le Mur n'a quasiment aucune chance de le deviner sur le terrain. Si on y ajoute l'ensemble

---

1. Voir p. 61.

des transferts courants et notamment les transferts sociaux, on aboutit à un ordre de grandeur de 1 500 milliards d'euros en vingt ans pour le coût de la réunification, soit en moyenne 3 % du PIB allemand chaque année. Pour faire face à ces coûts, les Allemands paient depuis 1991 (avec toutefois une interruption entre 1993 et 1995) un impôt spécial, le *Solidaritätszuschlag*, familièrement désigné sous le vocable de *Soli*, correspondant à un supplément de 5,5 % sur l'impôt sur le revenu acquitté par les ménages et la taxe professionnelle payée par les entreprises. En 2009, ce *Soli* a rapporté 12 milliards d'euros, soit 0,5 % du PIB allemand. La réunification n'a pas seulement été coûteuse sur le plan des transferts financiers, ses effets ont aussi été très douloureux sur le marché du travail. En 1991, l'Allemagne réunifiée comptait presque 39 millions d'emplois. Durant toute la décennie 1990, il y en eut moins et ce n'est qu'en 2000 que le pays a retrouvé ce niveau pour la première fois. Le chômage qui touchait 2,1 millions d'Allemands en 1991 (dont 800 000 à l'est) est progressivement monté jusqu'à 3,8 millions de personnes en 1997, dont 1,4 million à l'est.

Cet effort a certes pesé de façon significative sur l'économie du pays. Mais, dans le débat public allemand d'aujourd'hui, on surestime souvent ce poids, et surtout son caractère spécifique à l'Allemagne[1]. La croissance allemande fut en effet, durant toutes les années 1990, un peu plus faible qu'ailleurs : entre 1991 et 2000, le PIB par habitant de l'Allemagne n'a crû que de 12 % en Allemagne contre 16 % en France et 19 % dans l'ex-Europe à 15. Sous l'impact des transferts vers l'Est, que l'Ouest a dû financer, la hausse des coûts unitaires de main-d'œuvre (l'évolution du coût du

---

1. Voir p. 132.

travail corrigée de celle de la productivité) a été un peu plus forte en Allemagne qu'en France : de 14 points entre 1991 et 2000, contre 8 en France. Ils ont cependant moins augmenté que dans l'ensemble de l'Europe : ils ont progressé durant la même période de 16 points dans la future zone euro et dans l'ex-Union à 15. Mais ce qui a le plus inquiété les Allemands, c'est que, durant toute la décennie 1990, l'économie allemande a importé davantage qu'elle n'a exporté. Cela n'a cependant jamais pris une tournure réellement inquiétante : le déficit maximal a été atteint en 1994 avec 1,4 point de PIB, alors que les États-Unis ont quasi constamment affiché 5 points de PIB de déficit extérieur au cours des dix dernières années.

*Une économie rééquilibrée vers la demande intérieure*

Ce déficit n'avait en réalité absolument rien de surprenant pour un pays qui était en train de reconstruire et de rééquiper entièrement un cinquième de son territoire. Le taux d'investissement global dans l'économie allemande, qui se traînait en dessous de 18 % du PIB pendant toutes les années 1980 (contre environ 20 % en France), a bondi à près de 23 % pendant la première moitié des années 1990 (alors qu'il tombait à moins de 18 % en France). De quoi absorber l'excès traditionnel d'épargne de la population allemande sans avoir besoin de l'investir à l'étranger. Il s'agit là en effet d'un des principaux bénéfices tirés par l'économie allemande de la réunification : elle a abondamment nourri l'activité du secteur du BTP mais aussi fourni à l'industrie allemande, et notamment à celle des biens d'équipement, si centrale pour la compétitivité du pays, un débouché privilégié durant plusieurs années. Celui-ci s'est substitué en partie aux débouchés extérieurs.

Les transferts publics vers l'est dont les Allemands de l'ouest se plaignent si amèrement ont de cette façon été pour l'essentiel recyclés à l'ouest sous formes d'achats de biens et de services. La réunification a profité également d'une autre façon à l'industrie allemande : de nombreuses firmes d'Allemagne de l'Ouest ont pu bénéficier ainsi de ce qu'on appelle un effet *green field* et construire à l'est, avec des subventions importantes de l'Union européenne et de l'État allemand, des unités de productions toutes neuves, dotées des derniers perfectionnements de la *high tech*. Alors qu'il est toujours beaucoup plus compliqué et coûteux de moderniser de vieux établissements comme on est obligé de le faire en France, au Royaume-Uni ou en Italie, faute de disposer d'une « nouvelle frontière » comme l'ex-Allemagne de l'Est. Cela a été le cas par exemple dans l'automobile avec l'usine ultramoderne d'Opel à Eisenach en Thuringe, à l'époque la plus productive d'Europe. C'est aussi ainsi que l'Allemagne a pu se doter en Saxe d'un puissant pôle industriel en micro-électronique implanté dans la région de Dresde. Enfin les entreprises ouest-allemandes ont hérité, via leur mainmise sur les ex-combinats est-allemands, de leurs réseaux de relations dans l'ex-monde communiste. Nous y reviendrons[1], mais la reconquête rapide de l'*Hinterland* centre-européen a été par la suite un des facteurs clés (beaucoup plus que les réformes Schröder) du redressement de l'industrie allemande. De plus, contrairement à ce que beaucoup d'Allemands croient, la réunification n'a pas réellement dégradé la profitabilité de leurs entreprises : la part

---

1. Voir p. 193.

des salaires dans leur valeur ajoutée, qui était de 61,6 % en 1991, était au contraire retombée à 60,6 % en 2000. Mais, dans la conception du monde qui prévaut en Allemagne, ces avantages ont été occultés par l'apparition d'un déficit extérieur : ne plus être *Exportweltmeister*, « champion du monde de l'export », était en effet perçu comme une situation profondément anormale et une grave menace pour l'avenir.

### 2.4. Un coût élevé pour le reste de l'Europe

Si la réunification n'a pas eu que des aspects négatifs pour l'économie allemande, elle en eut par contre beaucoup pour celle de ses voisins. La façon très excessive dont la *Bundesbank* a réagi au petit regain d'inflation suscité par ce processus au début des années 1990 a en effet cassé l'activité non seulement en Allemagne, mais dans toute l'Europe, causant la récession de 1993. Combinée aux fameux critères de Maastricht, les contraintes fixées par ce traité européen pour la construction de la future monnaie européenne, cette politique monétaire non coopérative a fait de toute la décennie 1990 une décennie perdue non seulement pour l'économie allemande, mais pour l'ensemble de l'économie européenne. Du coup, les années 1990 ont laissé des traces quasiment aussi négatives dans les comptes publics allemands qu'ailleurs en Europe et notamment en France : sous l'impact de la réunification, la dette publique brute allemande est montée de 36 % du PIB en 1991 à 60,2 % en 2000, en surplus de 24 points, mais, dans le même temps, la dette publique française a elle aussi augmenté de 36 % du PIB en 1991 à 57,4 % en 2000, 21 points de plus. En ce sens, le coût de la réunification allemande a été largement partagé avec ses voisins.

Comment s'explique un tel parallélisme ? L'Allemagne avait échangé l'accord de la France sur la réunification contre la création de la monnaie unique, mais la première est intervenue en 1990 tandis que la seconde n'a été créée qu'en 1999. Entre-temps, le Deutsche Mark a conservé son rôle incontesté de monnaie pivot du système monétaire européen et la *Bundesbank* a continué à donner seule le *la* en matière de politique monétaire.

Le boom de l'activité engendré en Allemagne par la réunification et la reconstruction de l'Allemagne de l'Est avait déclenché une petite poussée d'inflation : le rythme de la hausse des prix qui n'était que de 1,3 % par an en 1988 était progressivement monté jusqu'à 5,1 % en 1992. Un niveau insupportable aux yeux de la *Bundesbank*. Du coup, elle a poussé ses taux vers des sommets : elle a fait passer ainsi les taux d'intérêt à court terme qui n'étaient que de 4,3 % en Allemagne en 1988 à 9,5 % en 1992. Le tout sans aucune concertation avec ses partenaires européens. En France, pendant ce temps, l'inflation qui était de 2,7 % en 1988 était tombée à 2,4 % en 1992. Toutefois, le traité de Maastricht, contrepartie de l'accord français et européen à la réunification, signé 1992, organisait le processus devant conduire à la monnaie unique.

Une des conditions fixées pour cela était la stabilité des taux de change entre les monnaies devant former ultérieurement l'Union monétaire. Les autorités françaises qui venaient d'obtenir l'accord du gouvernement allemand pour aller vers l'Union monétaire ne voulurent courir aucun risque de mettre ce projet en péril en laissant filer le taux de change du franc contre le Deutsche Mark. Du coup, bien que le niveau d'inflation fût plus de deux fois plus faible en France qu'en Allemagne, les taux d'intérêt à court terme furent poussés par la Banque de France jusqu'à 10,4 % en 1992 pour éviter la fuite des capitaux vers l'Allemagne. Et la dynamique fut analogue dans toute l'Europe : en moyenne, les taux d'intérêt à court terme montèrent brutalement à 11,2 % en 1992 dans l'ex-Europe à 15 bien que l'inflation n'y soit que de 4,7 %. Cette année-là, sous la pression de la politique imposée unilatéralement par la *Bundesbank* à tous les voisins de l'Allemagne, les taux d'intérêt réels, c'est-à-dire une fois l'inflation déduite, ont atteint partout en Europe des sommets historiques sans précédent. Du fait de la faible inflation dans le reste de l'Europe, ces taux étaient même significativement plus élevés en dehors de l'Allemagne.

*La récession de 1993 et la crise européenne*

Le contrecoup ne s'est pas fait attendre : l'année 1993 fut marquée dans toute l'Europe par la plus importante récession de l'après-guerre. On a connu depuis bien pire, mais, à l'époque, malgré la crise qui sévissait déjà depuis une quinzaine d'années, la réaction fut plus sévère encore que lors des chocs pétroliers des années 1970. Le PIB de la future zone euro baissa de 0,7 point et le chômage bondit de 3 millions de personnes entre 1992 et 1994 (dont 750 000 en Allemagne et 480 000 en France). Du coup, de nombreux pays – l'Italie, l'Espagne et le Royaume-Uni notamment – renoncèrent à maintenir leur taux de change vis-à-vis du DM et dévaluèrent leur monnaie. Ce qui leur a permis par la suite de regagner un peu d'activité. Cela n'a pas été le choix par contre des autorités françaises qui ont défendu ce taux de change pendant toutes les années 1990 quitte à voir, avec 2 800 000 chômeurs en 1997, le nombre des sans-emploi atteindre un niveau jamais égalé jusqu'à la mi-2012. Paris redoutait en effet de voir l'Allemagne remettre en cause la future monnaie unique si la France entrait de nouveau dans un cycle de dévaluations vis-à-vis du Deutsche Mark.

Qu'ils aient dû dévaluer leur monnaie ou non, les différents États européens ont tous connu une décennie 1990 très difficile : l'activité n'a véritablement redémarré en Europe qu'en 1998-1999. Tous les voisins de l'Allemagne ont donc payé très cher, en termes de chômage et de pouvoir d'achat, la réunification et sa gestion non coopérative de la part de la *Bundesbank.* Ils l'ont aussi payé sous la forme d'une hausse de leur endettement public équivalente à celle subie par l'Allemagne du fait de la hausse des taux d'intérêt et de la dégradation de leurs comptes publics dues à la faible activité qui en a résulté. Ces difficultés n'ont pas simplement été économiques, elles ont également eu des conséquences politiques durables : elles ont entraîné en effet une vague d'euroscepticisme, marquée notamment en France par le référendum sur le traité de Maastricht en septembre 1992 où le oui ne l'avait emporté que de justesse.

La réunification allemande et sa gestion non coopérative par les autorités de notre voisin ont, pour la première fois de l'après-guerre, profondément ébranlé la confiance des Européens dans le bien-fondé du projet d'intégration continentale. C'est la raison pour laquelle les voisins de l'Allemagne ont quelques difficultés à considérer aujourd'hui que celle-ci aurait, du fait de la réunification, de bonnes raisons à faire valoir pour refuser de se montrer solidaire avec les pays d'Europe en crise...

## 2.5. Un pays « normal »

Où en est l'Allemagne aujourd'hui ? Il reste encore de nombreuses cicatrices mais, pour autant, l'Allemagne a, en vingt ans seulement, réussi l'exploit de redevenir, malgré la réunification, un pays moins déséquilibré que les autres grands pays européens.

La plupart des *Länder* de l'est ont perdu davantage de population que ceux de l'ouest et sont en première ligne du vieillissement accéléré de la population allemande. Le chômage y reste aussi significativement plus important qu'à l'ouest : en octobre 2012, ce taux était ainsi de 9,8 % à l'est contre 5,6 % à l'ouest. Les taux de chômage s'étalant de 3,7 % au minimum en Bavière à 12,2 % au maximum à Berlin. Cela dit, s'il est élevé au regard des niveaux de l'ouest, le niveau du chômage à l'est n'a rien d'exceptionnel vis-à-vis de la situation en France ou en Italie, sans parler bien sûr de l'Espagne ou de la Grèce. 15,1 % de la population allemande était considérée comme pauvre en moyenne en 2011. Mais ce taux n'était « que » de 14 % à l'ouest contre 19,5 % à l'est. Les extrêmes s'étalant entre 11,2 % en Bade-Wurtemberg, la riche région industrielle autour de Stuttgart, et 22,2 % en Mecklenbourg-Poméranie-Occidentale, la région la plus déshéritée du pays sur les rives de la Baltique. Un écart comparable cependant à celui qu'on trouve en France où les taux de pauvreté s'étalent entre 11,2 % en Bretagne et 19,3 % en Corse. Les niveaux de PIB par habitant restent eux aussi sensiblement différents (le PIB moyen d'un habitant de la Hesse, le *Land* autour de Francfort, représente 1,8 fois celui d'un habitant du Brandebourg, la région la plus pauvre d'Allemagne autour de Berlin). Cela se traduit d'ailleurs par une crise du système de transferts horizontaux internes entre *Länder*, le *Länderfinanzausgleich*, par le biais duquel, en 2011, la Bavière (3,7 milliards d'euros) ou le Bade-Wurtemberg (1,8 milliard d'euros) ont versé de l'argent à Berlin (3 milliards d'euros) ou au Brandebourg (0,5 milliard). Un système que les *Länder* riches de l'ouest contestent de plus en plus : en juillet 2012, le ministre-président de Bavière a porté plainte contre lui devant la Cour constitutionnelle de Karlsruhe…

De tels écarts constituent une nouveauté pour des Allemands, habitués à ce que leur territoire soit relativement homogène en termes de niveau de vie. Nous avons souligné déjà à quel point cette homogénéité était un élément clé du modèle allemand, contribuant à sa capacité à nourrir un développement économique lui-même équitablement réparti sur son territoire ainsi qu'à rendre tolérable un niveau relativement faible de dépenses publiques[1]. En ce sens, la réunification a bien été une rupture. Pourtant, l'Allemagne réunifiée, si elle est en effet devenue moins homogène que ne l'était l'ex-Allemagne de l'Ouest, reste encore nettement moins écartelée entre régions riches et zones peu dynamiques que les autres grands pays d'Europe, qu'il s'agisse de la France, de l'Italie, du Royaume-Uni ou de l'Espagne. Tous affichent en effet des disparités de développement plus fortes encore.

Bref, contrairement à ce que la plupart des Allemands imaginent, vingt ans après, ils ne sont plus particulièrement à plaindre à cause de la réunification : le coût qu'ils ont eu à supporter a pesé également dans des proportions très proches sur leurs voisins, du fait de la politique de la *Bundesbank*, et,

---

1. Voir p. 11.

au bout du compte, le pays ne diffère guère aujourd'hui, du point de vue de ses disparités internes, des autres grands pays européens. Qu'on se comprenne bien : il ne s'agit pas, en tirant un tel bilan, de minimiser l'ampleur de la tâche que la réunification a représentée pour l'Allemagne et pour les Allemands, mais bien, au contraire, de souligner l'exceptionnelle efficacité et la grande rapidité avec laquelle la mobilisation de l'ensemble du peuple allemand a permis finalement de surmonter cette épreuve gigantesque. Vingt ans après, l'Allemagne réunifiée ressemble à n'importe quel autre grand pays européen. De plus, mais nous y reviendrons[1], l'Allemagne a bénéficié de la chute du Mur en retrouvant ainsi son *Hinterland* en Europe centrale et orientale, succès qui n'autorise donc guère les dirigeants et l'opinion publique allemande à se prévaloir de la charge de la réunification pour se soustraire à la solidarité européenne en ces temps de crise de la zone euro...

1. Voir p. 193.

3

# Le cas Schröder :
# anatomie d'une mystification

Gerhard Schröder... Il est considéré aujourd'hui, en Allemagne comme ailleurs, comme LE sauveur de l'économie de notre voisin. La politique d'austérité de fer qu'il a menée au début des années 2000 fournit LE modèle que tous les gouvernements (et surtout ceux de gauche) devraient absolument copier. En particulier en France et dans les pays de l'Europe du Sud en crise.

Pourtant l'effet principal de cette politique a été le développement spectaculaire de la pauvreté et des inégalités en Allemagne, ainsi qu'une hausse sensible de l'endettement public. Accessoirement, Gerhard Schröder a profondément et durablement affaibli le parti social-démocrate qui s'est déchiré à cause de sa politique et a perdu ses appuis traditionnels dans les milieux populaires et chez les responsables syndicaux. Sa politique a également contribué de façon décisive au creusement des déséquilibres au sein de la zone euro, qui ont abouti à sa crise ouverte depuis 2010. Inversement, il y a de bonnes raisons de douter que cette politique ait vraiment une responsabilité significative dans les succès récents de l'économie germanique, car ceux-ci tiennent avant tout à la rencontre des points forts traditionnels de l'industrie allemande avec l'explosion de la demande des pays émergents[1].

En réalité, on pourrait presque dire que l'économie allemande s'en sort moins mal que d'autres aujourd'hui, malgré Schröder plutôt que grâce à lui.

### 3.1. Qui est le vainqueur d'Helmut Kohl ?

Gerhard Schröder est arrivé au pouvoir en Allemagne en octobre 1998. Un an et demi après Lionel Jospin en France et Tony Blair au Royaume-Uni. L'événement est historique : en le battant lors des élections législatives de septembre 1998, Gerhard Schröder mit fin à seize ans de règne sans partage du géant de la politique allemande que fut Helmut Kohl. Celui-ci avait en effet battu le record de longévité de Konrad Adenauer à la tête du pays. Et surtout il avait été le chancelier de la réunification : celui qui, sans coup férir, avait réussi l'exploit d'obtenir le départ des troupes russes de l'est du pays, et l'accord de tous les Alliés à la renaissance d'une grande Allemagne réunifiée au cœur de l'Europe.

Il faut bien comprendre pourquoi Gerhard Schröder, le novice en politique fédérale, est parvenu à déboulonner le géant Helmut Kohl : celui-ci était devenu impopulaire parce qu'il menait depuis le milieu des années 1990 une stricte politique d'austérité afin de limiter la dérive des coûts salariaux allemands liée à la réunification et aux dévaluations des autres monnaies européennes dues à la crise de 1992-1993. Autrement dit, c'est parce que Helmut Kohl avait en

---

1. Voir p. 199.

réalité déjà réglé une bonne partie des problèmes auxquels Gerhard Schröder prétendra s'attaquer par la suite que ce dernier a pu être élu...

La victoire de Gerhard Schröder fut aussi historique sur un autre plan : c'était la première fois dans l'histoire de la République fédérale qu'un gouvernement et une coalition sortante étaient entièrement sortis du jeu. Jusque-là, en effet, tel ou tel parti qui avait participé au gouvernement précédent était toujours resté aux affaires après les élections, même si les coalitions changeaient. Rien de tel en 1998 : l'alternance fut complète. Pour la première fois depuis 1972, le SPD redevenait le premier parti d'Allemagne et surtout pour la première fois depuis la création de la République fédérale, ou même plus exactement depuis 1871 et la naissance de l'Allemagne[1], la gauche était majoritaire seule, les Verts et le SPD disposant de la majorité absolue au *Bundestag*. Jusque-là, lorsque le SPD avait accédé au gouvernement, il avait dû le faire soit dans le cadre d'une grande coalition avec la CDU (1966-1969), soit en s'appuyant sur le FDP, le petit parti libéral de centre droit (1969-1982). Dans un contexte où la croissance économique revenait en Europe et où la plupart des gouvernements de l'ex-Europe des 15 étaient de gauche, les attentes étaient donc importantes, tant en Allemagne qu'ailleurs, vis-à-vis de ce gouvernement rouge-vert inédit.

Elles furent largement et rapidement déçues, mais, avant d'y revenir, il est nécessaire de se pencher plus précisément sur la personnalité de Gerhard Schröder car son histoire explique dans une mesure significative la politique qu'il a menée. Il est né en 1944 dans une ferme de Rhénanie-du-

---

1. Voir p. 100 *sq*.

Nord-Westphalie où sa mère, Erika Schröder, s'était enfuie avec sa sœur aînée pour échapper aux bombardements alliés sur les villes allemandes. Son père, Fritz Schröder, modeste marchand ambulant qui en temps de paix arpentait les foires du pays, était à ce moment-là soldat dans la Wehrmacht. Il est mort la même année sur le front de l'Est, en Roumanie, sans avoir jamais vu son fils.

*Une ascension sociale hors du commun*

Par la suite, Gerhard Schröder a grandi dans la misère la plus noire dans l'Allemagne ravagée de l'immédiat après-guerre. Sa mère s'est remariée à un garçon de ferme, atteint de la tuberculose, et a donné naissance aux trois demi-frères et sœur de Gerhard. Avec sa grande sœur et ses trois demi-frères, ils habitaient à sept un logement de 30 m² dans une ferme d'Osterhagen, dans le fin fond de la Rhénanie-du-Nord-Westphalie. Sa mère faisait des ménages pour survivre. Gerhard Schröder parle très peu de cette période mais, quand il le fait, c'est pour dire de lui et de sa famille qu'ils étaient des « asociaux » et qu'il avait pendant des années « mangé du mastic pour les fenêtres ». Le reste de sa famille est d'ailleurs resté en bas de l'échelle sociale : durant ses années à la Chancellerie, les médias s'intéresseront régulièrement à Lothar Vosseler, ouvrier et chômeur de longue durée depuis l'année 2000 et, à ce titre, victime des réformes décidées par le chancelier Gerhard Schröder, son demi-frère.

À 14 ans, Gerhard Schröder entame un apprentissage de vendeur dans un magasin de porcelaine. Erika Schröder-Vosseler, sa mère, dira de lui plus tard qu'il était le meilleur marchand de vaisselle de tout le marché de Lemgo. De 1962 à 1964, il suit l'école du soir pour passer l'équivalent du BEPC. Et poursuit sur sa lancée jusqu'au bac qu'il obtient en 1966. La même année, il démarre des études de droit qu'il achèvera en 1976, à 32 ans. Parallèlement, il entre au SPD en 1963, à 19 ans, et devient en 1971 le chef des Jusos, les Jeunes socialistes, de la région de Hanovre avant de prendre la présidence nationale de cette organisation entre 1978 et 1980. Il a à ce moment-là 34 ans, mais, au SPD, la notion de jeunesse est extensive... À l'époque, cette organisation, très marquée à gauche et prônant la rupture avec le capitalisme, menait une dure opposition interne à la politique modérée et atlantiste menée par le raisonnable chancelier Helmut Schmidt à la tête d'un gouvernement de coalition avec le FDP, le parti libéral. Gerhard Schröder poursuit ensuite son ascension politique à Hanovre. En 1980, il entre au *Bundestag* et, en 1990, devient ministre-président du *Land* de Basse-Saxe, poste qu'il occupera jusqu'à ce qu'il devienne chancelier du pays en 1998. On ne peut pas comprendre sa politique ultérieure si on ne prend pas en compte cette ascension sociale exceptionnelle : elle explique à la fois la détermination sans faille de Gerhard Schröder et sa capacité à garder un cap dans l'adversité, en même temps que cet immense besoin de reconnaissance de la part des riches et des puissants qui lui vaudra plus tard le surnom de « chancelier des patrons ».

Pour arriver au pouvoir, Gerhard Schröder avait arraché de haute lutte sa nomination comme candidat à la chancellerie contre Oskar Lafontaine, à l'époque président du SPD et à ce titre candidat *a priori* « naturel ». Oskar Lafontaine était déjà une vedette du SPD depuis les années 1970. Il était considéré comme le « petit-fils » préféré de Willy Brandt, premier chancelier social-démocrate de l'après-guerre et figure tutélaire du parti. Celui-ci lui avait d'ailleurs proposé d'en prendre la tête dès les années 1980. Mais Oskar Lafontaine restait lourdement plombé par son échec retentissant comme candidat à la chancellerie contre Helmut Kohl en 1990 : il avait alors critiqué la réunification à marche forcée mise en œuvre par Helmut Kohl, ce que beaucoup d'Allemands ne lui pardonneront jamais. De plus, ses prises de position étaient souvent plus radicales et clivantes que celles de Gerhard Schröder. Bien que battu par ce dernier, Lafontaine conserva le poste de président du SPD et devint ministre des Finances du nouveau gouvernement fédéral.

*Le clash avec Oskar Lafontaine*

Oskar Lafontaine, ancien ministre-président du *Land* de Sarre à la frontière française, est francophone et francophile. Il est très imprégné de culture économique keynésienne et était proche à l'époque de Dominique Strauss-Kahn, alors ministre de l'Économie et des Finances en France, et de l'équipe qui entourait Lionel Jospin. Mais la cohabitation entre Lafontaine et Schröder va rapidement tourner au vinaigre. Pour des raisons d'ego bien sûr : deux crocodiles de cette taille dans le même marigot, cela en faisait un de trop. Mais aussi en raison de divergences de fond. Oskar Lafontaine dénonçait les politiques économiques trop restrictives menées par Helmut Kohl et la *Bundesbank* après la réunification. Il misait sur des politiques de relance pour soutenir l'activité et faire baisser le chômage, qui se situait alors à 9,4 % de la population active (10,7 % en France au même moment). Tandis que Gerhard Schröder, lui, était surtout fasciné par les exemples de Bill Clinton et Tony Blair.

Aux États-Unis, Bill Clinton avait en effet réussi à briser la malédiction qui tenait son parti éloigné de la Maison-Blanche depuis la fin des années 1970 en rompant avec les discours démocrates traditionnels sur la redistribution et la lutte contre les inégalités pour proposer une « troisième voie » qui faisait siens les « acquis » du reaganisme en termes de dérégulation et d'appel à la responsabilité individuelle plutôt qu'au secours de la puissance publique. Et cela avec un certain succès pour l'économie américaine qui connaissait à ce moment-là une croissance nettement plus élevée que l'économie européenne et était engagée à fond dans la révolution prometteuse des nouvelles technologies de l'information.

Cette fascination avait été encore renforcée par la victoire au Royaume-Uni de Tony Blair, alors jeune et fringant Premier ministre, qui, avec des recettes et un discours analogues, avait lui aussi réussi à mettre fin à dix-huit ans de domination conservatrice ininterrompue. Le parti démocrate n'a jamais fait partie de l'Internationale socialiste et Bill Clinton avait suffisamment à faire aux États-Unis pour ne pas perdre trop de temps en Europe, mais Tony Blair s'était lancé, lui, dans une croisade pour porter la bonne parole social-libérale sur le Vieux Continent. Seule une rupture avec la tradition social-démocrate et les vieilles recettes keynésiennes était, selon lui, de nature à sortir la gauche européenne de la léthargie où elle était tombée depuis la fin des Trente Glorieuses. Il fallait désormais substituer à ces vieilleries une « politique de l'offre » de gauche.

Le clash entre Schröder et Lafontaine ne tardera pas à se produire : en mars 1999, six mois après l'arrivée des sociaux-démocrates au pouvoir, Oskar Lafontaine démissionne du ministère des Finances et de la présidence du

SPD. Il restera par la suite un des plus farouches adversaires de Gerhard Schröder et de sa politique. Il finira d'ailleurs par quitter le SPD en 2005, juste avant que Gerhard Schröder ne perde le pouvoir, pour prendre ensuite la tête du nouveau parti Die Linke, « la gauche », un regroupement des anciens communistes d'Allemagne de l'Est et des déçus de la social-démocratie version Schröder à l'Ouest. Ce choc de géants a marqué aussi, de façon indirecte mais néanmoins lourde de conséquences, un tournant dans les relations franco-allemandes. Pour Oskar Lafontaine, le Sarrois, une région qui a bien failli devenir française à plusieurs reprises, l'« axe franco-allemand » restait naturellement le cœur et le moteur de la construction européenne. Rien de tel chez Gerhard Schröder : il sera le premier dirigeant allemand à rejeter ouvertement le discours standard sur la culpabilité héritée de la période nazie et à assumer sans état d'âme le statut retrouvé de l'Allemagne, grande puissance continentale et mondiale.

*L'axe franco-allemand mis à mal*

Son dédain pour la relation franco-allemande se manifesta en particulier lors de la catastrophique négociation du traité européen de Nice en 2001, négociation il est vrai compliquée côté français par la cohabitation très conflictuelle entre Jacques Chirac, alors président de la République, et Lionel Jospin, son Premier ministre socialiste. Schröder arracha à ce moment-là, dans une confrontation très dure avec les autorités françaises, la fin de la parité France-Allemagne dans les instances européennes. Les représentants français, hôtes de la négociation, durent céder pour sauver l'accord. Le nationalisme de Gerhard Schröder, sa fascination pour le monde anglo-saxon et son désintérêt pour la construction européenne contribuent largement à expliquer ce loupé historique *a priori* incroyable : alors que 12 gouvernements de ce qui n'était encore que l'Europe des 15 étaient de gauche, ces leaders se révélèrent totalement incapables de réorienter en quoi que ce soit la construction européenne dans un sens plus social et de doter la zone euro d'un véritable pilotage économique, absent du traité de Maastricht. Ce qui aura, dix ans plus tard, les conséquences funestes que l'on constate avec la grave crise que vit actuellement la zone euro... Leur seul accomplissement collectif significatif en matière européenne fut le lancement en mars 2000 de la fumeuse « stratégie de Lisbonne », censée faire de l'Europe « l'économie de connaissance la plus compétitive et la plus dynamique du monde » d'ici 2010. Chacun sait ce qu'il en est advenu.

La fascination de Gerhard Schröder pour le monde anglo-saxon était largement partagée par les baby-boomers d'Allemagne de l'Ouest, abreuvés durant tout l'après-guerre de musique, de chewing-gum et de Coca Cola dans un pays quadrillé par des militaires américains qui étaient alors davantage perçus comme le dernier rempart face à la menace des chars soviétiques que comme une armée d'occupation à proprement parler. Son succès s'explique notamment parce qu'il incarnait cette majorité de la population allemande, persuadée depuis longtemps que la modernité et l'avenir se jouaient d'abord outre-Atlantique et en anglais. Une attitude qui entretenait aussi un lien étroit avec l'ampleur (généralement sous-estimée) de l'émigration allemande aux États-Unis[1]. Pas d'erreur d'interprétation : cela ne faisait pas pour

---

1. Voir p. 22.

autant de Gerhard Schröder un « valet de l'impérialisme américain ». Au contraire même : son ambition était surtout de permettre au chancelier allemand de s'adresser enfin d'égal à égal au président des États-Unis, au lieu de continuer à s'embêter comme ses prédécesseurs à faire des risettes à ces ringards de dirigeants français, fussent-ils socialistes comme lui. Il y réussit d'ailleurs en prenant en 2002-2003 la tête des pays occidentaux qui s'opposèrent à l'intervention américaine en Irak, une attitude impensable pour tous les dirigeants de la République fédérale qui l'avaient précédé.

## *Le texte Blair-Schröder de 1999*

En attendant, l'admiration que vouait un Gerhard Schröder arrivant tout juste aux affaires à un Tony Blair bien installé au 10 Downing Street, et dont la réputation dépassait déjà largement les frontières du Royaume-Uni, se traduisit par la publication dès juin 1999 d'un manifeste commun, « La voie en avant pour les sociaux-démocrates européens, propositions de Gerhard Schröder et de Tony Blair », auquel Lionel Jospin se gardera bien de se joindre. Relu aujourd'hui[1], ce texte possède le charme d'une époque définitivement révolue (du moins il faut l'espérer) après les crises financières de 2001-2002 et 2008-2009. À ce moment-là, en effet, des gens dont les convictions de gauche ne pouvaient être mises en doute considéraient que « la dépense publique a atteint, par rapport au revenu national, des niveaux qui sont proches de l'inacceptable », et aussi

---

1. Voir www.jean-jaures.org/Publications/Les-etudes/Blair-Schroeder.-Le-texte-du-manifeste-les-analyses-critiques.

qu'« on a trop mis l'accent sur les points faibles des marchés et sous-estimé leurs vertus ». Il fallait absolument à leurs yeux construire « une société qui célèbre les mérites des chefs d'entreprise performants au même titre que ceux des artistes ou des footballeurs » car, « par le passé, on a souvent confondu justice fiscale et égalité des revenus. De ce fait, l'effort et le sens des responsabilités n'étaient pas suffisamment récompensés ». C'est pourquoi « les réformes fiscales et la baisse de l'impôt peuvent jouer un rôle primordial dans la réalisation des objectifs qu'ils [les sociaux-démocrates] se sont fixés ». On en sourit volontiers aujourd'hui, mais à l'époque ce texte eut un retentissement considérable, plaçant notamment Lionel Jospin sur la défensive, dans la position de l'indécrottable ringard parce qu'il refusait de communier à ce credo, bien qu'il ait mené en réalité lui aussi une politique qui n'avait rien d'une banale politique de relance par la consommation.

Il y avait cependant dans ce rapprochement une asymétrie fondamentale entre Tony Blair et Gerhard Schröder. Le premier, en communicant accompli, savait la différence qui existe toujours entre les discours qui n'engagent que ceux qui les écoutent et les actes d'un dirigeant politique désireux de se faire réélire. Malgré tous ses vibrants plaidoyers sociaux-libéraux, notamment à usage externe, il a finalement mené en Grande-Bretagne même une politique très classiquement social-démocrate. Il a porté le niveau des dépenses publiques de 39 % du PIB en 1998 à 48 % en 2008, avec notamment des hausses très importantes en matière d'éducation, de transports ou de santé. Il n'a pas non plus exercé réellement de pression à la baisse sur le coût du travail. Celui-ci a continué à croître nettement plus vite en Grande-Bretagne qu'ailleurs : entre 1997 et 2005, les coûts salariaux britanniques ont augmenté de 43 % contre 8,6 % en Allemagne (et 23 % en France), tandis que la part des salaires dans la valeur ajoutée britannique, déjà particulièrement élevée en 1997, est encore montée de 60 à 62 % en 2007. Tony Blair instituera également un salaire minimum au Royaume-Uni et cela à un niveau assez élevé, ce que Gerhard Schröder se gardera bien de faire en Allemagne, favorisant au contraire massivement le développement des petits boulots mal payés. Le discours social-libéral de Tony Blair servait surtout à rassurer les électeurs britanniques des classes moyennes, longtemps sensibles aux charmes du thatchérisme, mais il n'a jamais été mis en œuvre au pied de la lettre au Royaume-Uni et n'a sans doute jamais eu vocation à l'être. Ce qui a permis à Tony Blair de tenir dix ans au pouvoir, trois de plus que Gerhard Schröder, pour chuter au final surtout sur des questions de politique étrangère. Ce n'est pas ainsi cependant que le comprit son disciple allemand. Celui-ci fit au contraire siennes les thèses du social-libéralisme avec la foi ardente du nouveau converti et mit par la suite un point d'honneur à suivre scrupuleusement les recommandations de leur texte commun avec une rigueur toute germanique…

### 3.2. Un premier mandat peu convaincant

Tony Blair et Gerhard Schröder faisaient cependant face à des situations très différentes. Le premier héritait d'un pays où les services publics étaient exsangues après deux décennies de purge conservatrice, tandis que le second devait gérer les conséquences tardives de la réunification qui avaient gonflé un peu les dépenses publiques et plus nettement encore les dettes tout en ayant contribué à alourdir le coût du travail et à faire disparaître les excédents extérieurs allemands. Les inconvénients de la réunification pour l'économie allemande ont été sensiblement aggravés par la politique monétaire trop restrictive de la *Bundesbank* et la crise que cette politique a provoquée dans le reste de l'Europe[1], mais les milieux d'affaires, les médias et les économistes allemands, dans leur immense majorité acquis aux thèses les plus orthodoxes, étaient persuadés que ces difficultés étaient dues avant tout à des dépenses publiques excessives et un coût du travail trop élevé. Ils développaient depuis de longues années déjà (en fait ce discours était antérieur d'ailleurs à la réunification) une grande campagne de lamentations publiques sur le thème des menaces qui pèseraient sur le *Standort Deutschland*, littéralement le « site de production Allemagne ». Contrairement à Oskar Lafontaine, Gerhard Schröder partageait largement leur diagnostic et entendait privilégier dans son action la baisse du coût du travail et la flexibilisation du marché du travail.

Il essaiera de faire avaliser cette politique par les syndicats dans le cadre d'une grande « Alliance pour l'emploi » mais n'y parviendra pas. Du coup son premier mandat (de quatre ans) ne comportera pas de grandes réformes structurelles du marché du travail. En matière sociale, la principale mesure sera la réforme des retraites dite Riester, en 2001. En échange d'une baisse sensible des futures retraites du régime général, elle instaure des aides à la création d'une épargne retraite personnelle sur le modèle des fonds 401 K aux États-Unis. Une réforme dans l'air du temps social-libéral de l'époque. Dix ans plus tard, après la crise financière de 2008-2009, les premiers « bénéficiaires » de ces fonds

---

1. Voir p. 117 *sq.*

Riester n'ont cependant plus guère que leurs yeux pour pleurer, compte tenu du très faible rendement de leurs placements... L'échec de ces fonds de pension à l'allemande est, avec les réformes des retraites ultérieures (voir plus loin), une des causes qui font redouter aujourd'hui (à juste titre) aux Allemands le retour massif de la pauvreté chez les personnes âgées dans un futur proche.

*Baisse de dépenses et baisse d'impôts*

Gerhard Schröder mènera dès le départ une politique de baisse des dépenses publiques très agressive : elles pesaient 48,4 % du PIB en 1997 et sont ramenées à 45,1 % en 2000. Parallèlement, Gerhard Schröder réussit à faire adopter une ambitieuse réforme fiscale avec le soutien des *Länder* dirigés par l'opposition au *Bundesrat*. Comme c'était la mode à l'époque, il s'agissait d'alléger en priorité les impôts payés par les plus aisés en abaissant progressivement le taux marginal d'imposition à 42 % d'ici 2005. Parallèlement la fiscalité sur les entreprises et sur les revenus du capital est, elle aussi, significativement réduite. Du coup, le niveau des prélèvements obligatoires baisse fortement en Allemagne : il passe de 43 % du PIB en 1999 à 40,4 % en 2002. Quoique dans des proportions significativement moindres, il baissera également en France durant cette période, de 46,8 % du PIB en 1999 à 45,1 % en 2002. Mais comme la pression à la baisse sur les dépenses publiques est encore plus forte en Allemagne, la politique budgétaire reste globalement restrictive. De plus, comme l'inflation demeure très faible, le pays subit le contrecoup de la mise en œuvre de l'euro en 1999. Pour les autres pays, celle-ci se traduit en effet par une baisse sensible des taux d'intérêt réels à court terme (une fois l'inflation déduite) du fait de la disparition du risque de change. Mais pour l'Allemagne, l'euro entraîne au contraire une hausse de ces taux, puisque la BCE doit fixer un taux d'intérêt unique adapté également aux pays à plus forte inflation qu'elle : une mécanique qui sera au cœur de la montée des déséquilibres conduisant à la crise de la zone euro des années 2010. Au-delà, le premier mandat Schröder sera marqué par l'assouplissement en 2000 du code de la nationalité, jusque-là dominé par la logique quasi exclusive du droit du sang, tandis que la sortie de l'Allemagne du nucléaire sera décidée une première fois en 1999.

Au final, l'économie allemande profitera nettement moins que l'économie française du regain d'activité qui a marqué cette période dans les pays développés : entre 1997 et 2002, le PIB de la France a progressé en effet, hors inflation, de 13,8 % contre 8,6 % pour l'Allemagne. Durant la même période, grâce notamment aux 35 heures, le nombre d'emplois a augmenté de 1,9 million de postes en France contre seulement 1,1 million en Allemagne. Le chômage diminuant lui aussi davantage en France qu'en Allemagne. Et malgré une politique budgétaire *a priori* plus « sérieuse » chez notre voisin, la dette publique a en réalité davantage baissé en France, rapportée au PIB, qu'en Allemagne : elle est passée de 59,5 % du PIB en 1998 à 56,9 en 2001 dans l'Hexagone contre une diminution de 60,5 à 59,1 % seulement outre-Rhin... Même sur le plan du commerce extérieur Gerhard Schröder n'est pas parvenu à rétablir l'équilibre avant 2002 alors que, sous Jospin, la France dégageait des excédents extérieurs confortables.

Bref entre le « ringard » Lionel Jospin et le « moderne » Gerhard Schröder, il n'y avait pas photo en termes de bilan quand on compare les résultats atteints lorsqu'ils étaient au pouvoir ensemble. Cela n'empêche pas pourtant les médias dominants de considérer aujourd'hui que l'un, Gerhard Schröder, aurait réussi une performance extraordinaire à la tête de l'Allemagne tandis que l'autre, Lionel Jospin, aurait piteusement échoué...

### 3.3. L'Agenda 2010 et ses (lourdes) conséquences

En 2000-2001, l'éclatement de la bulle de la *high tech* déclenche une grave crise aux États-Unis puis en Europe, même si elle n'eut pas alors de conséquences aussi lourdes que celles de 2008-2009. Cette crise résultait de dysfonctionnements majeurs aux États-Unis avec à la fois un financement spéculatif totalement déconnecté des réalités des entreprises de la « nouvelle économie » et des tricheries colossales dans les comptes de nombreuses grandes entreprises comme Enron, Worldcom et beaucoup d'autres. Des problèmes de même nature existaient certes en Europe, mais ils restaient d'une gravité sans commune mesure.

Pourtant, comme d'habitude l'incapacité des Européens à se coordonner efficacement et à prendre des mesures monétaires et budgétaires suffisamment vigoureuses pour relancer l'activité aboutira à ce que cette crise se révèle plus grave et plus lourde de conséquences en Europe qu'aux États-Unis. Au printemps 2002, Lionel Jospin est éliminé de la présidentielle en recueillant moins de voix que Jean-Marie Le Pen au premier tour. Malgré un bilan *a priori* flatteur, il a été victime du ralentissement de l'économie et d'un excès de confiance qui lui a fait mener une campagne de second tour dès le premier.

Avec son bilan économique et social très médiocre et son discours social-libéral dévalué par la crise de la *high tech*, Gerhard Schröder semble plus mal parti encore pour les élections allemandes de l'automne 2002. Il s'en sortira cependant, servi par la mauvaise prestation de son adversaire de droite Edmund Stoiber, chef des chrétiens-sociaux bavarois, un personnage falot, peu apprécié dans le reste de l'Allemagne : il se contentera en effet d'en rajouter encore sur le libéralisme de Gerhard Schröder, faisant apparaître celui-ci (à tort comme la suite le montrera) comme un moindre mal pour tous ceux qui souhaitaient défendre les acquis sociaux du « modèle allemand ». Gerhard Schröder est servi également par des inondations qui dévastent l'est de l'Allemagne à l'automne 2002 : sa réaction rapide et efficace impressionne favorablement les Allemand(e)s. Enfin il tire profit de son opposition à la guerre que George W. Bush allait engager en Irak, recueillant sur ce terrain le soutien à la fois de la gauche pacifiste allemande, traditionnellement puissante depuis les années 1970, mais aussi celui des Allemands plus nationalistes, fiers que leur pays ait retrouvé, grâce à Gerhard Schröder, la capacité de dire non, même aux bienfaiteurs américains. Moyennant quoi, Gerhard Schröder fut réélu, malgré son bilan peu favorable sur le terrain économique et social, et sa coalition avec les Verts reconduite.

Gerhard Schröder n'avait cependant pas tiré comme conclusion des difficultés éprouvées lors de son premier mandat qu'il avait fait fausse route en matière de politique économique et qu'il aurait dû écouter davantage Oskar Lafontaine ou Lionel Jospin. Il ne déduisit pas plus de la crise de 2000-2001 que le discours social-libéral sur la responsabilité individuelle et la supériorité du marché et de la concurrence ne résistait guère à l'expérience. Il en tira au contraire la conclusion que si son action n'avait pas eu les résultats escomptés, c'était parce qu'il n'était pas allé assez loin et assez fort dans la remise en cause des systèmes sociaux. Et qu'en particulier il s'était trop laissé freiner par les liens traditionnels existant entre le SPD et les syndicats et la recherche d'un consensus autour des réformes à engager. Il est bien sûr encouragé dans cette voie par les lobbies patronaux, avec lesquels il collabore de plus en plus étroitement, et notamment par l'influente *Bertelsmann Stiftung* mise sur pied par ce groupe industriel très puissant dans l'édition et les médias. Les économistes orthodoxes, qui forment en Allemagne l'écrasante majorité de la profession, et les médias dominants qui n'arrêtent pas de fustiger les excès des acquis sociaux allemands, le poussent aussi dans ce sens. Sa forte volonté d'être reconnu et admis comme un des leurs par les élites économiques du pays fait le reste.

### *La rupture de l'Agenda 2010*

Ce projet de rupture prend la forme du désormais fameux Agenda 2010 formulé le 14 mars 2003 devant le *Bundestag*. Un programme de gouvernement nettement plus libéral que social qui prévoyait des réformes ambitieuses dans un nombre important de champs : baisse des cotisations sociales patronales, facilitation des licenciements, durcissement de l'assurance chômage, développement de l'emploi précaire, déremboursement de nombreuses prestations au niveau de l'assurance-maladie et hausse des cotisations salariales, réduction des retraites futures et recul de l'âge de départ pour bloquer le niveau des cotisations au niveau actuel malgré le vieillissement de la population… Ce programme comportait certes aussi quelques mesures pour développer l'action publique en matière d'éducation, suite au traumatisme des mauvais résultats de l'étude Pisa 2000 de l'OCDE[1], favoriser les écoles qui accueillent les enfants toute la journée ou les crèches pour accueillir les enfants de moins de 3 ans, mais il s'agissait bien en priorité d'une attaque sans précédent contre le système de protection sociale allemand tel qu'il s'était progressivement développé depuis ses balbutiements sous Bismarck au XIXe siècle. Et c'est bien ainsi que ce programme fut accueilli, provoquant de forts remous au sein même du SPD : Schröder dut mettre en balance sa démission pour le faire accepter. Quant aux syndicats, même s'ils n'organisèrent pas directement la mobilisation contre ces mesures (les grèves pour s'opposer à des projets politiques sont interdites en Allemagne), ils les désapprouvèrent ouvertement.

C'est surtout le volet marché du travail qui est passé à la postérité avec les lois dites Hartz, du nom du directeur des ressources humaines de Volkswagen Peter Hartz, entreprise dont Gerhard Schröder était particulièrement proche en tant qu'ancien ministre-président du *Land* de Basse-Saxe, un des principaux actionnaires du groupe. Peter Hartz avait été chargé de diriger une commission qui avait remis un rapport en août 2002 sur les réformes souhaitables du marché du travail. Lors de la campagne des législatives de l'automne 2002, Gerhard Schröder s'était engagé à mettre en œuvre l'intégralité des conclusions de ce rapport. Cela prit la forme de quatre lois successives, dites Hartz I à IV. Il s'agissait de faciliter le recours à l'intérim, jusque-là très peu développé en Allemagne ou encore de libéraliser davantage les petits

---

1. Voir p. 76 *sq.*

boulots rapportant moins de 400 euros par mois en dispensant ceux qui les exercent de verser des cotisations sociales.

Mais c'est surtout la loi dite Hartz IV, la dernière du lot, devant entrer en vigueur en 2005, qui suscita les passions. Elle ramenait l'indemnisation du chômage de 32 à 12 mois maximum (contre 23 en France actuellement) et 18 mois pour les plus de 55 ans (36 mois pour les plus de 50 ans en France). Les chômeurs de longue durée devaient dépendre désormais de l'aide sociale et étaient soumis à un régime complexe et infantilisant leur imposant notamment une transparence totale sur leur épargne et de leur patrimoine pour la détermination de l'indemnité différentielle (analogue au RMI) à laquelle ils avaient droit. La loi Hartz IV leur imposait également d'accepter n'importe quel type de poste même sans rapport avec leur ancienne qualification ou leur rémunération passée.

*Le scandale des jobs à 1 euro*

De plus, le service de l'emploi peut exiger à tout moment de ces chômeurs de longue durée de participer à des tâches d'intérêt collectif moyennant une rémunération supplémentaire de 1 euro seulement par heure, les fameux *1 euro jobs*. C'est un des paradoxes les plus amusants (si l'on ose dire) des politiques de *Workfare* qui sont au cœur des projets tant des conservateurs que des sociaux-libéraux en matière de marché du travail : ils refusent qu'on continue à indemniser passivement les chômeurs et veulent « activer » les dépenses des politiques de l'emploi. Cela aboutit *de facto* à des politiques de travail forcé, peu compatibles avec les normes de base de l'Organisation internationale du travail (OIT) et très proches finalement du fonctionnement du système soviétique où c'est l'État qui attribuait à chacun une place dans le système productif... Toujours est-il donc que cette loi Hartz IV a cristallisé les mécontentements et suscité tout au long de l'année 2004 des manifestations rassemblant des centaines de milliers de participants, notamment à l'est de l'Allemagne, mais pas uniquement.

Du côté des retraites, le gouvernement Schröder II a encore réduit sensiblement le niveau des pensions futures en ramenant leur taux de remplacement de 48 % en 2003 à 40 % en 2030. Un dispositif qui sera complété par une nouvelle réforme votée en 2008, après donc le départ de Gerhard Schröder, mais sous la responsabilité directe de Franz Müntefering, son successeur à la tête du SPD, devenu ministre du Travail et vice-chancelier d'Angela Merkel dans la grande coalition SPD-CDU qui dirigera le pays de 2005 à 2009. La réforme défendue avec beaucoup d'énergie par Franz Müntefering prévoit de porter l'âge minimal de départ en retraite à 67 ans en 2029. Elle jouera un rôle décisif pour achever de discréditer le SPD schröderien aux yeux des Allemands : avec 23 % des voix seulement, il récolta aux élections législatives de 2009 son plus mauvais résultat de tout l'après-guerre.

Ces réformes successives des retraites restreignant les pensions futures sont à l'origine du cri d'alarme lancé en septembre 2012 par Ursula von der Leyden, ministre CDU du Travail dans le gouvernement d'Angela Merkel, avertissant que l'Allemagne risquait de connaître prochainement un retour massif de la pauvreté chez les personnes âgées. Selon les calculs effectués par les services de son ministère, même les salariés qui gagnent 2 500 euros par mois actuellement et qui ont travaillé pendant les trente-cinq ans nécessaires en Allemagne (contre quarante et un et demi en France) ne se retrouveraient en 2030 qu'avec une pension de 688 euros par mois, c'est-à-dire le minimum vieillesse allemand. Comme on le voit, Gerhard Schröder et Angela Merkel ont bien préparé l'avenir du pays...

Le mécontentement suscité par la politique antisociale de Gerhard Schröder avait pris une telle ampleur qu'il dut abandonner la présidence du SPD en mars 2004. Il la cède à Franz Müntefering, le leader des sociaux-démocrates de Rhénanie-du-Nord-Westphalie, le bastion traditionnel du SDP. Cela n'empêche pas cependant les manifestations de continuer contre la réforme Hartz IV et l'hémorragie de s'aggraver au sein du SPD : le SPD qui avait encore 755 000 adhérents en 1999 n'en comptait plus que 590 000 en 2005. Début 2005, la scission du SPD est actée. Les dissidents créent leur propre structure politique, la *Wahlalternative Arbeit und soziale Gerechtigkeit*, WASG, l'« alternative électorale travail et justice sociale », qui regroupe de nombreux syndicalistes à côté de cadres du SPD, exaspérés par la politique de Gerhard Schröder. Oskar Lafontaine rompt lui aussi avec les sociaux-démocrates pour en prendre la tête. La WASG décide de s'allier avec le PDS qui regroupe les restes de l'ex-Parti communiste d'Allemagne de l'Est. Ils fusionneront en 2007 pour former un nouveau parti, Die Linke, « la gauche ».

*Les choses se gâtent pour Schröder*

En attendant, le SPD est battu à plate couture en mai 2005 dans le *Land* de Rhénanie-du-Nord-Westphalie, le plus peuplé d'Allemagne, et celui du bassin minier de la

Ruhr, un bastion que le SPD dirigeait sans discontinuer depuis 1966. Déstabilisé par l'ampleur de cet échec, Gerhard Schröder décide de convoquer des élections anticipées (d'un an) à l'automne 2005. Malgré une campagne très active qui lui permit de rattraper presque tout son retard sur la CDU, il perdit et dut laisser la place à Angela Merkel. Celle-ci, ne disposant pas d'une majorité avec le FDP, fut obligée de mettre en place une grande coalition avec le SPD. Mais, pour ce qui le concerne, Gerhard Schröder quitta alors la vie politique active pour se replier dans les affaires. Fort de ses liens privilégiés avec Vladimir Poutine, il mit en particulier son carnet d'adresses au service de l'énergéticien russe Gazprom afin de faciliter la mise en place d'un gazoduc reliant la Russie et l'Allemagne à travers la mer Baltique en contournant la Pologne, un projet de nature à inquiéter profondément les voisins de l'Allemagne.

### 3.4. Un bilan globalement négatif

Quel bilan peut-on tirer du passage de Gerhard Schröder aux affaires ? Son second mandat fut nettement plus négatif encore pour l'économie et la société allemandes que le premier. Sur l'ensemble de ses deux mandats, entre 1998 et 2005, le PIB par tête des Allemands ne s'est accru que de 7,6 % contre 11 % en moyenne dans la zone euro et 10,6 en France. Entre 2000 et 2005, les salariés allemands ont perdu en moyenne 2,8 % de pouvoir d'achat pendant que leurs homologues français en gagnaient 5,7 %. Le chômage qui au début du premier mandat de Gerhard Schröder était tombé à 8 % en 2000 était remonté à 11,3 % de la population active en 2005. Avec 4,8 millions de chômeurs, il battit alors largement tous les records depuis la création de la République fédérale. Ils sont à ce moment-là deux fois plus nombreux qu'au cours des années 1980, qui, en Allemagne comme en France, avaient déjà été marquées par une faible croissance et une montée importante du chômage. Ils étaient aussi 500 000 de plus qu'en 1997 quand le sommet des difficultés consécutives à la récession de 1993 et à la crise européenne qui avait suivi avait été atteint. Le taux de pauvreté (le pourcentage des Allemands dont les revenus sont inférieurs à 60 % du revenu médian[1]) qui se situait à 10,5 % en 1999 avait bondi à 14,5 % en 2006. Cette hausse a été aussi marquée à l'ouest qu'à l'est du pays, même si les taux de pauvreté restent nettement inférieurs à l'ouest. Tandis que parallèlement (et logiquement) les inégalités ont explosé : selon les chiffres d'Eurostat, en 2006 les 10 % des Allemands les plus riches gagnaient en moyenne 7,1 fois plus que les 10 % d'Allemands les plus pauvres. Alors que cet écart n'était « que » de 5,3 fois en 1997. *A contrario*, en France, cet écart était tombé de 7,7 en 1997 à 6,1 en 2006, grâce en particulier à l'effet redistributif qu'ont eu les 35 heures avec la forte hausse du Smic horaire qu'elles ont entraînée. En sept ans seulement, le social-démocrate Schröder a donc réussi l'exploit de faire de l'Allemagne, qui était nettement moins inégalitaire que la France au moment où le démocrate chrétien Helmut Kohl l'avait laissée, un pays nettement plus inégalitaire encore. Chapeau l'artiste ! Les inégalités se sont certes creusées aussi durant cette période dans nombre d'autres pays d'Europe, mais nulle part ailleurs dans des proportions aussi importantes qu'en Allemagne.

1. La moitié des Allemands gagnent plus et l'autre moins.

La politique de restriction des coûts salariaux fortement encouragée par Gerhard Schröder a abouti à une importante baisse de la part des salaires dans la valeur ajoutée : celle-ci est passée de 59,9 % en 1997 à 56,4 % en 2006, selon les chiffres de la Commission européenne. Alors qu'elle est restée globalement stable en France : cette part était de 57,5 % en 1997 et de 57,4 % en 2006. À la fin des années 1970, le chancelier social-démocrate Helmut Schmidt avait énoncé un « théorème » fameux, censé justifier les politiques de restrictions salariales comme celle menée sous Gerhard Schröder : « les profits d'aujourd'hui sont les investissements de demain et les emplois d'après-demain ». On n'a cependant rien observé de tel en Allemagne pendant les années Schröder, malgré la forte progression des profits : au contraire, le taux d'investissement des entreprises rapporté à leur valeur ajoutée est tombé de 20,5 % en 1998 à 17,1 % en 2005 pendant qu'en France il montait de 18 à 19 % (avec une moyenne de 21,2 % en 2005 dans la zone euro). L'Allemagne de Schröder était en réalité un des pays d'Europe où les entreprises investissaient le moins (rapporté à leur valeur ajoutée bien sûr) avec la Grèce et Chypre !

*Un pays qui n'investit plus*

Il n'y a pas que dans le secteur privé d'ailleurs que l'action de Gerhard Schröder a eu pour résultat de freiner puissamment l'investissement : l'investissement public qui représentait 2 % du PIB en 1999 est tombé à 1,4 % en 2005. Alors que ce taux était monté dans le même temps de 2,9 à 3,3 % du PIB en France (avec une moyenne de 2,5 % dans la zone euro). C'est bien simple : selon les chiffres de la Commission européenne, l'Allemagne qui se contentait déjà depuis le milieu des années 1990 de compenser simplement l'usure de ses équipements collectifs, n'assure même plus leur remplacement depuis 2003 : elle est en situation de désinvestissement public. Une situation inquiétante qu'elle ne partageait en Europe avant la crise qu'avec la Slovaquie et l'Autriche. Certes, l'Allemagne n'est pas un pays en ruine et tous les ronds-points qu'on a construits en France ne sont pas forcément d'une utilité indéniable, mais ce n'est quand même pas une situation qui peut se prolonger indéfiniment sans avoir de lourdes conséquences négatives pour le pays. Ce vieillissement accéléré des infrastructures collectives est un des (nombreux) aspects de la politique de Gerhard Schröder qui fait douter que son action ait réellement amélioré les perspectives futures de l'Allemagne.

Au-delà du seul investissement public, Gerhard Schröder a exercé une forte pression à la baisse sur l'ensemble des dépenses publiques : elles sont en effet passées de 48,2 % du PIB en 1997 à 45,3 % en 2006. Les prestations sociales, qui pesaient 17,9 % du PIB en 1997, sont tombées à 15,4 % en 2006 pendant qu'en France elles ne baissaient que de 18,2 % à 17,8 % du PIB. On a vu cependant combien cela posait problème tant sur le terrain des progrès de la pauvreté que sur celui du futur des retraités. Il a fait également baisser fortement l'emploi dans le secteur public. Entre 1998 et 2006, la rémunération des salariés du secteur public est tombée de 8,5 % du PIB à 7,7 %. Tandis que chez Tony Blair, le modèle de Gerhard Schröder, cette part montait au contraire de 9,6 % du PIB à 11,2 %.

En France, contrairement à ce qu'on pense en général, elle a également diminué durant cette période, avant même donc la fameuse révision générale des politiques publiques

(RGPP) mise en place par Nicolas Sarkozy, passant de 13,4 % du PIB en 1998 à 13 % en 2006. Entre 2000 et 2006, le nombre des employés allemands du secteur public a baissé de 330 000 personnes, soit un recul de 6,8 %. Les deux tiers de cette baisse se sont produits dans les communes qui ont perdu, en six ans, 13,6 % de leurs effectifs. C'est une chose qu'on ignore en général : les communes allemandes jouissent certes d'une grande autonomie du côté de leurs dépenses mais, en revanche, leurs recettes sont, elles, très contraintes et largement définies au niveau fédéral. Et c'est sur les communes que Gerhard Schröder a fait peser une grande partie de l'ajustement budgétaire qu'il a mené. C'est de bonne guerre : ce sont les élus locaux qui sont en première ligne et doivent justifier vis-à-vis de leurs électeurs pourquoi ils n'assurent plus tel ou tel service, tandis que le gouvernement fédéral peut se vanter d'avoir fait baisser les impôts et réduit les dépenses publiques. Moyennant quoi, sous Schröder, les communes allemandes ont donc fermé partout centres sociaux, maisons des jeunes et de la culture, piscines, bibliothèques… Rien d'irrémédiable : on peut indéniablement survivre sans bibliothèque, piscine ou école de musique. Mais difficile une fois de plus d'y voir la promesse d'un avenir meilleur pour l'Allemagne…

*La baisse des dépenses publiques
pénalise la démographie*

Cette recherche éperdue d'une baisse des dépenses et de l'emploi publics a eu toutefois de lourdes conséquences dans au moins un domaine : elle a retardé la mise en place de crèches et d'écoles accueillant les enfants toute la journée, une des grandes promesses des sociaux-démocrates, prolongeant ainsi les difficultés traditionnelles des femmes à concilier travail salarié et vie familiale. Ce qui a entretenu le faible niveau de natalité qui, à terme, posera de graves problèmes à l'économie et à la société allemandes, même si dans l'immédiat il a été plutôt un facteur favorable, limitant les dépenses publiques et la pression sur les prix de l'immobilier[1]...

Parallèlement à cette forte baisse des dépenses publiques, Gerhard Schröder a multiplié les cadeaux fiscaux aux plus aisés et aux entreprises. Il a ramené ainsi les prélèvements obligatoires de 43 % du PIB en 1999 à 39,7 % en 2005. Mais ces baisses d'impôts n'ont pas dynamisé l'économie, contrairement à ce que croyait (naïvement) le chancelier qui avait pris pour argent comptant le discours que les lobbies patronaux lui avaient « vendu » à ce sujet. Les riches Allemands en ont surtout profité pour gonfler leur bas de laine sans investir pour autant, tandis que les autres, inquiétés par la perte de substance de l'État social, ont mis par précaution davantage d'argent de côté : le taux d'épargne des Allemands est ainsi passé de 15,1 % de leur revenu disponible en 2000 à 16,4 % en 2006. Un record dépassé seulement en Suisse et en Slovénie.

Au final, comme cela a été aussi le cas en France durant toutes les années 2000, ces baisses d'impôts ont surtout contribué à déséquilibrer les finances publiques, malgré la baisse des dépenses. Avec comme conséquence un sacrilège : les déficits allemands ont dépassé la barre fatidique des 3 % du PIB chaque année entre 2001 et 2005. Cela amena d'ailleurs en 2003 Gerhard Schröder à s'allier avec Jacques Chirac pour s'opposer à la procédure en « déficit

---

1. Voir p. 183.

excessif » engagée contre la France et l'Allemagne par la Commission européenne. Il soutint également en 2005 une réforme assouplissant le « pacte de stabilité », imposé pourtant par l'Allemagne à Lionel Jospin en 1997, et que Romano Prodi, l'ancien Premier ministre italien, qui était alors président de la Commission européenne, avait (à juste titre) qualifié de « stupide » dès 2002.

Sur le plan de la dette publique, le bilan de l'action de Gerhard Schröder fut d'ailleurs très négatif puisque l'endettement allemand est passé de 59,8 % du PIB en 1997 à 68,6 % en 2005. Entre 1998 et 2006, Gerhard Schröder a ajouté la bagatelle de 390 milliards d'euros à la dette publique allemande… Alors que, dans le même temps, cette dette ne montait en France « que » de 59,4 % du PIB à 66,7 %, parce que ce pourcentage avait baissé durant la période où Lionel Jospin était Premier ministre. On se demande bien par quel miracle l'Allemagne, et tout particulièrement celle de Gerhard Schröder, peut aujourd'hui être considérée comme LE modèle à imiter en Europe en matière de gestion des finances publiques…

*L'Allemagne, mauvais élève*
*du pacte de stabilité*

Durant les douze premières années de l'euro (entre 1999 et 2011) et à cause surtout de la politique déflationniste menée par Gerhard Schröder, notre voisin n'a pas respecté la limite des 3 % du PIB de déficit public pendant sept années et celle des 60 % de dette publique pendant onze ans. Alors que l'Irlande et l'Espagne étaient au contraire, avant la crise, constamment de (très) bons élèves du pacte de stabilité… L'exemple allemand est d'ailleurs la meilleure preuve que l'explication, communément admise aujourd'hui, de la crise de la zone euro par la dérive des finances publiques est parfaitement inepte. Et qu'en conséquence les « solutions » apportées à cette crise qui se centrent quasiment uniquement sur le renforcement de la discipline budgétaire ne règlent absolument pas les véritables problèmes, liés surtout à l'endettement privé et à la perte de compétitivité de certains pays, qui ont conduit la zone euro au bord de l'explosion...

La période Schröder a été marquée en particulier, on l'a dit, par une stricte modération salariale. Même si celle-ci a été fortement encouragée par le gouvernement fédéral, elle était cependant avant tout le fruit des négociations entre le patronat et les syndicats[1] : ces derniers ont dénoncé vigoureusement la politique antisociale menée par Gerhard Schröder, mais il existait un certain consensus au sein de la société allemande, y compris dans le monde syndical, en faveur d'une telle modération salariale. Dans ces domaines, le juge de paix sur le plan économique, ce ne sont pas cependant les seules évolutions salariales, mais ce qu'on appelle les « coûts unitaires de main-d'œuvre », c'est-à-dire l'évolution du coût du travail corrigée de celle de la productivité. Entre 1998 et 2006, ces coûts ont légèrement baissé en Allemagne. Parmi les pays développés, il n'y a qu'au Japon où cela a également été le cas. Dans la zone euro, ces coûts unitaires avaient au contraire augmenté dans le même temps de 13 % en moyenne et en France de 15 %, un peu plus que cette moyenne.

Pour autant ces coûts unitaires ont davantage augmenté qu'en France dans onze des dix-sept pays de la zone euro.

---

1. Voir p. 29.

Cette baisse des coûts unitaires a évidemment fortement limité la demande intérieure allemande (les coûts des uns sont les revenus des autres...). Celle-ci a littéralement fondu : rapportée à la demande de l'ensemble de la zone euro, la demande intérieure allemande en pesait encore un tiers en 1997, mais en 2005 elle n'en représentait plus qu'un quart. L'Allemagne réunifiée et ses 82 millions d'habitants pesaient alors autant en Europe que l'Allemagne de l'Ouest seule et ses 63 millions d'habitants à la fin des années 1980. Bel exploit de Gerhard Schröder...

Conjuguée au décollage spectaculaire de la demande des pays émergents pour les produits allemands, cette stagnation exceptionnellement marquée de la demande intérieure a permis de rétablir les comptes extérieurs du pays. En 1998, les comptes courants allemands affichaient en effet un déficit de 15 milliards d'euros, 0,8 % du PIB. En 2006, ce déficit s'était transformé en un énorme excédent de 150 milliards d'euros, 6,5 % du PIB.

Cet excédent colossal est généralement vu en Allemagne et ailleurs comme une des principales preuves à la fois du succès et de la justesse des réformes schröderiennes. Pourtant ils traduisaient surtout l'ampleur du déséquilibre entre l'épargne excessive des ménages et des entreprises allemands et la faiblesse de la consommation et des investissements en Allemagne même. Mais, du coup, il fallait placer cette épargne quelque part. Et c'est ce que les acteurs financiers allemands ont fait en prêtant cet argent aux Grecs, aux Irlandais, aux Espagnols... qui, eux, ne disposaient pas de suffisamment d'épargne pour investir et consommer au niveau où ils s'étaient mis à le faire à l'époque...

*La politique de Schröder
à l'origine de la crise de la zone euro*

C'est donc parce qu'ils se sont trop serré la ceinture pendant l'ère Schröder et qu'ils n'ont pas suffisamment investi chez eux que les Allemands risquent aujourd'hui de perdre leur épargne parce que les Grecs, les Irlandais, les Espagnols ne sont plus en mesure de rembourser l'argent que les institutions financières allemandes leur avaient imprudemment prêté pour financer des projets purement spéculatifs. La politique économique menée par Gerhard Schröder porte en effet une responsabilité déterminante dans les déséquilibres macro-économiques qui ont conduit à la crise actuelle de la zone euro. Heureusement d'ailleurs que Gerhard Schröder était à ce moment-là le seul dirigeant à mener une politique aussi radicalement restrictive et que, dans le même temps, les Irlandais, les Grecs, les Espagnols consommaient et s'endettaient à tour de bras pour acheter des produits allemands, sinon les conséquences de sa politique auraient été beaucoup plus négatives encore pour l'Allemagne et pour l'Europe. Et c'est ce constat qui rend particulièrement inquiétante l'idée, dominante aujourd'hui chez les dirigeants allemands, que les autres Européens, et particulièrement les pays en crise, devraient à leur tour adopter tous en même temps des politiques schrödériennes. Si tout le monde se met à restreindre la demande intérieure dans les proportions où cela s'était fait (de façon heureusement isolée) en Allemagne au début des années 2000, l'économie européenne ne peut qu'aller dans le mur, comme on a déjà commencé à le constater en 2012…

Ce qui paraît aux yeux de la plupart des Allemands et de nombre d'autres Européens avoir été une politique rigoureuse permettant de rétablir les comptes de notre voisin était donc en réalité une politique contre-productive qui a appauvri les Allemands, aggravé leur endettement public, privé leur pays d'investissements indispensables et occasionné des placements extérieurs spéculatifs et hasardeux qui vont se traduire par une perte significative de l'épargne de nombreux Allemands. Quel bilan extraordinaire ! Certes, après le départ de Gerhard Schröder l'économie allemande s'est redressée et elle a incontestablement mieux résisté que les autres à la crise de 2008-2009. La plupart des observateurs versent cela au crédit d'un effet différé de l'action de l'ancien chancelier. Ils sont généralement animés par une vision du monde doloriste : il ne peut y avoir rédemption que parce qu'il y a d'abord eu pénitence et souffrance. Pourtant, comme nous le montrerons[1], ce redressement indéniable doit en réalité fort peu à l'action de Gerhard Schröder. À bien des égards, on peut même plutôt affirmer qu'il s'est produit malgré elle : parce qu'elle n'a, heureusement, pas suffi à faire disparaître certains des éléments essentiels qui expliquent la compétitivité industrielle allemande et notamment la codétermination au niveau des entreprises[2]. À plus long terme cependant, il est à craindre que la politique menée par Gerhard Schröder handicape lourdement le futur du pays avec le retard pris dans l'entretien et le renouvellement de ses infrastructures matérielles, l'aggravation des problèmes démographiques liés à la faiblesse non corrigée des possibilités d'accueil des jeunes enfants, l'appauvrissement massif programmé des futurs retraités, l'aggravation de la pauvreté et des inégalités affai-

1. Voir p. 175 *sq.*
2. Voir p. 39.

blissant la cohésion sociale qui était un des principaux atouts du pays...

*Le chancelier des patrons*

Avant de clore le chapitre Schröder, efforçons-nous cependant de régler une question troublante : comment se fait-il que ce soit le premier véritable gouvernement allemand de gauche depuis la création du pays en 1871 qui ait mené une politique aussi antisociale ? Il y a à cela, comme toujours, un faisceau d'explications. Les mauvaises langues rappelleront tout d'abord que, bien qu'il ait toujours été depuis la fin du XIX$^e$ siècle le parti social-démocrate le plus nombreux et le plus puissant au monde, le SPD a constamment déçu les espoirs placés en lui aux moments décisifs. En août 1914, au moment du déclenchement de la Première Guerre mondiale, le SPD avait approuvé sans broncher les crédits de guerre, ignorant les exhortations internationalistes de Jean Jaurès, malgré ses 35 % des voix et ses 110 députés ; en 1918-1919, il s'était allié aux pires militaristes allemands pour écraser dans le sang la révolution menée par Rosa Luxemburg et Karl Liebknecht, pourtant d'anciens dirigeants de la social-démocratie ; enfin, face à la montée du nazisme, le SPD s'était révélé incapable de mobiliser efficacement sa (théoriquement) puissante organisation pour résister à l'extrême droite...

Dans le cas du gouvernement Schröder, les sociaux-démocrates n'avaient pas participé au gouvernement depuis seize ans et l'équipe qui arrivait aux affaires était entièrement novice. Elle ne jouissait donc à son arrivée d'aucun crédit favorable en matière de politique économique.

Au contraire, comme en France, la gauche était soupçonnée *a priori* de laxisme budgétaire. Gerhard Schröder s'est donc, comme souvent, senti obligé d'en rajouter sur la droite en matière de rigueur pour démontrer son sérieux. Il y a de plus toujours une certaine logique à ce qu'un parti fasse, lorsqu'il est au pouvoir, la politique de ses adversaires : comme les salariés et leurs syndicats sont *a priori* plus proches de la social-démocratie, il lui est plus aisé de remettre en cause leurs acquis sociaux sans qu'ils montent sur les barricades. Tandis que la droite peut être tentée au contraire, comme l'avait fait Bismarck à la fin du XIX$^e$ siècle, de mettre en œuvre des mesures sociales relativement ambitieuses pour priver la social-démocratie de ses soutiens.

De plus, il y avait incontestablement un besoin, limité mais réel, d'ajustement de l'économie allemande. Après la réunification, le coût du travail avait indéniablement augmenté davantage en Allemagne qu'ailleurs. Et du fait des dévaluations compétitives qui s'étaient produites en 1992-1993, le taux de change avec lequel l'Allemagne était rentré dans l'euro était élevé. Il n'était donc pas inutile de chercher à limiter les coûts allemands au moment où Gerhard Schröder est arrivé au pouvoir, même si Helmut Kohl avait déjà effectué une bonne partie de ce travail, ce qui lui avait valu de perdre les élections de 1998. Simplement, les caractéristiques liées à son histoire personnelle, notamment son très fort besoin de reconnaissance par les élites du pays, et le phénomène connu de l'enthousiasme généralement excessif des nouveaux convertis lui ont fait pousser le bouchon beaucoup trop loin, en particulier au cours de son second mandat.

À vrai dire, la gauche française avait vécu une mésaventure assez similaire après le « tournant de la rigueur », engagé par François Mitterrand en 1983, deux ans après son élection à la présidence de la République. Il s'imposait compte tenu de la faiblesse des profits des entreprises et de l'ampleur des déficits extérieurs. Simplement, emportée elle aussi par l'enthousiasme des nouveaux convertis, la gauche française est allée ensuite trop loin dans la désinflation compétitive, empêchant au final le chômage de reculer et l'économie de se redresser pour finir par être battue à plates coutures lors des élections de 1993. La gauche allemande a suivi une dérive analogue, en allant encore beaucoup plus vite et beaucoup plus loin, du fait de la personnalité particulière de Gerhard Schröder...

# 4
# Les vraies raisons du rebond de l'Allemagne d'Angela Merkel

Après le départ de Gerhard Schröder de la chancellerie en 2005 et l'arrivée au pouvoir d'Angela Merkel, la situation de l'économie allemande a commencé à s'améliorer progressivement et le chômage à reculer. L'industrie de notre voisin a réussi en particulier, seule sur le Vieux Continent, à exporter massivement à l'extérieur de l'Europe. Puis, lors de la crise de 2008-2009, l'économie germanique a nettement mieux résisté au choc que celle de la plupart des autres pays et, depuis, elle a été quasiment la seule à ne ressentir que faiblement les effets de la crise de la zone euro. Il n'en a pas fallu davantage pour que s'établisse un consensus, en Allemagne comme ailleurs, pour attribuer les mérites de ce redressement à un effet différé de la politique menée par Gerhard Schröder, malgré ses effets très négatifs pour l'économie et la société allemandes au moment où celui-ci était au pouvoir. De ce fait, cette politique est érigée en modèle à appliquer partout, et notamment en France et dans les pays en crise. Ce qui a pour résultat de plonger l'Europe entière dans la récession et d'aggraver la crise au lieu de la résoudre.

Pourtant cette analyse est fausse : les succès économiques allemands récents ont principalement d'autres causes que les réformes menées par Gerhard Schröder. Ils tiennent tout d'abord à la politique moins antisociale menée depuis 2005 par Angela Merkel : elle a en effet un peu desserré les contraintes excessives imposées à la société et à l'économie allemandes par son prédécesseur. Mais ces succès sont dus surtout aux caractéristiques structurelles anciennes du « modèle allemand » : forte valorisation sociale du travail industriel, importance de la négociation sociale entre patronat et syndicat, pouvoirs étendus des représentants des salariés dans les entreprises..., auxquelles sont venus se combiner plusieurs facteurs plus conjoncturels : absence de bulle immobilière liée en particulier au commencement du recul démographique, succès de l'OPA de l'industrie allemande sur les pays d'Europe centrale et orientale qui a dopé la compétitivité-prix des produits allemands et décollage spectaculaire des émergents dont la forte demande est en phase avec les spécialisations traditionnelles du pays dans les biens d'équipement et les automobiles de luxe. À quoi sont venus s'ajouter encore, depuis la crise de l'euro, des taux d'intérêt exceptionnellement bas et la baisse des taux de change de l'euro. Tour d'horizon des clés de ce succès.

### 4.1. Merkel n'a fait que corriger les dégâts de Schröder

Gerhard Schröder, au pouvoir, fait des réformes qui ont comme conséquence d'appauvrir les Allemands, de détruire des emplois et de développer le chômage et les inégalités tout en accroissant la dette publique[1]... Il s'en va et l'écono-

---

1. Voir p. 139 *sq.*

mie se porte mieux. Conclusion : cette amélioration est forcément un effet à long terme de sa politique « courageuse ». Cette vision des choses me fait penser à l'histoire bien connue du fou qui se tape sur la tête avec un marteau. Quelqu'un passe à côté de lui et lui demande : « Mais pourquoi te tapes-tu sur la tête avec un marteau ? Ça fait très mal ! » Et le fou de répondre : « Oui, c'est vrai, mais ça fait tellement de bien quand ça s'arrête. » L'Allemagne qui se porte mieux après le départ de Gerhard Schröder, c'est un peu la même chose : l'austérité de fer qu'il avait imposée s'étant quelque peu relâchée avec Angela Merkel, l'économie allemande a pu reprendre son souffle. Pour autant les performances récentes de l'économie allemande sont souvent surestimées : le redressement opéré sous Angela Merkel n'a guère fait que corriger les dégâts de l'ère Schröder.

Avant d'y revenir, il faut cependant s'intéresser de plus près à la personnalité d'Angela Merkel : son parcours illustre en effet les bouleversements qu'a connus l'Allemagne au cours des dernières décennies. Angela Merkel est née en 1954 à Hambourg, le grand port du nord de l'Allemagne situé en République fédérale. Mais, dès cette année-là, son père, pasteur protestant, est affecté dans l'ex-RDA, à un moment où le Mur ne divise pas encore le pays de façon étanche. Il s'installe durablement à Templin, une ville de 17 000 habitants, dans le nord du Brandebourg, la région (pauvre) qui entoure Berlin. Angela Merkel y grandit sans histoire : jusqu'à la chute du Mur en 1989, elle resta avant tout une bonne élève qui se tient à carreau – elle ne participa jamais à des activités oppositionnelles –, tout en se compromettant *a minima* avec le régime communiste. Après avoir obtenu son bac en 1973 avec la note maximale de 1[1], elle acheva en 1978 des études universitaires de physique en obtenant une mention très bien à son *Diplomarbeit*, pour finir en 1986, alors qu'elle est chercheuse à l'Institut de physique-chimie de l'Académie des sciences de Berlin Est, par un doctorat en chimie quantique avec les félicitations du jury. Ce n'est qu'en décembre 1989, à l'âge de 35 ans, après donc la chute du Mur, qu'elle s'engage activement en politique dans le cadre du mouvement *Demokratischer Aufbruch*, « Renouveau démocratique », très lié à l'Église protestante d'Allemagne de l'Est. Cette dernière a joué un rôle central dans la contestation du régime communiste car elle était la seule institution relativement indépendante du pouvoir tolérée dans le pays. Ce mouvement fusionnera en 1990 avec la CDU d'Allemagne de l'Est. Angela Merkel devint ainsi porte-parole du dernier gouvernement de la RDA, avant d'intégrer, après la réunification du pays en octobre 1990, le gouvernement d'Helmut Kohl en tant que ministre fédérale chargée des femmes et de la jeunesse, puis, à partir de 1994, elle fut ministre de l'Environnement, et ce jusqu'à l'arrivée au pouvoir de Gerhard Schröder en 1998.

*Beaucoup plus qu'une marionnette d'Helmut Kohl*

Elle est à l'époque le plus souvent considérée comme une marionnette d'Helmut Kohl et la caution féminine et *Ossi* (originaire de l'Est) de la CDU. Elle n'en devient pas moins secrétaire générale du parti en 1998, une fois celui-ci passé dans l'opposition, sur proposition de Wolfgang Schäuble, le

---

1. En Allemagne les notes vont de 1 (la meilleure) à 5 (la + mauvaise), et non de 0 à 20.

président du parti à l'époque[1]. Et elle emporte, en 2000, la présidence du parti quand Schäuble dut céder sa place suite à un scandale sur le financement de la CDU sous Helmut Kohl dans lequel il était impliqué. Angela Merkel rompt alors avec son mentor et se désolidarise de l'ancien chancelier. La bonne élève un peu terne se révèle en réalité une redoutable manœuvrière, éliminant les uns après les autres les puissants barons mâles du parti originaires d'Allemagne de l'Ouest. Jusqu'à conquérir la chancellerie en 2005.

Ainsi donc une femme, originaire de l'ex-RDA et fille d'un pasteur protestant, est parvenue à succéder à Helmut Kohl, catholique et originaire de Ludwigshafen dans le *Land* de Rhénanie-Palatinat, à la tête à la fois du pays et de la CDU, le parti de Konrad Adenauer, le chancelier, tout aussi catholique et rhénan qu'Helmut Kohl, qui avait reconstruit l'Allemagne après guerre. Autrement dit, en refermant la parenthèse de « gauche » de Gerhard Schröder, Angela Merkel incarne le basculement de l'Allemagne rhénane et catholique de l'après-guerre, tournée vers l'ouest et donc vers la France, vers une autre Allemagne, toujours aussi conservatrice, même si elle est dirigée par une femme, mais désormais plus protestante et résolument orientée vers la *Mitteleuropa*. Et donc plus hostile aussi *a priori* à l'égard d'une France et d'une Europe du Sud de tradition catholique.

Avec elle, l'Allemagne réunifiée a ainsi achevé de retrouver ses fondamentaux de la fin du XIXe, lorsque la Prusse protestante avait définitivement pris le dessus dans l'espace allemand sur l'Autriche catholique. Ce genre d'analyse paraîtra sans doute un peu daté à de nombreux Français qui habitent un des pays les plus sécularisés au

---

1. Et aujourd'hui son ministre des Finances.

monde. Mais, outre que les réflexes culturels hérités du passé subsistent longtemps après la disparition de la pratique religieuse, il ne faut pas oublier que c'est un des sujets sur lesquels les sociétés française et allemande divergent le plus nettement. En Allemagne, il n'existe pas, en effet, de séparation de l'Église et de l'État : l'État prélève un impôt pour le compte des églises et la religion est une matière obligatoire dans l'enseignement public (les athées ont droit toutefois à des cours de morale en substitution). Et la pratique religieuse, quoiqu'en net recul, est beaucoup plus importante qu'en France : en 2009, 40,5 % des Allemands répondaient « oui » à la question posée par l'institut Gallup « Est-ce que la religion est importante dans votre vie quotidienne ? », contre 29,5 % seulement des Français.

On ne peut pas comprendre la forte dimension moralisatrice de la réaction de l'opinion et des dirigeants allemands dans la crise de la zone euro, si on oublie cette différence franco-allemande à propos de la religion. Il ne faut toutefois pas s'y méprendre : l'Allemagne d'Angela Merkel n'est évidemment pas pour autant l'Amérique de Mitt Romney où 65 % des personnes interrogées répondent oui à la question concernant l'importance de la religion dans leur vie quotidienne.

### *Un manque de* feeling *européen*

Au-delà de cette dimension culturelle, le pays qui est le leader incontesté de la zone euro est donc dirigé par une chancelière qui, jusqu'à l'âge de 35 ans, a vécu en dehors de l'Union européenne et n'y a quasiment jamais mis les pieds. Cela ne facilite évidemment pas les choses dans la crise actuelle. Quelles que soient l'intelligence indéniable d'Angela Merkel et la qualité des avis et des conseils que l'administration et les autres dirigeants allemands peuvent lui donner, il manquera toujours à la chancelière ce *feeling* européen que l'on ne peut acquérir vraiment qu'au contact des habitants des autres pays au cours de ses années de jeunesse. Et certainement pas en tout cas dans des rencontres protocolaires au sommet.

Toujours est-il donc que, depuis la chute de Gerhard Schröder, Angela Merkel a pu maintenir son pouvoir tant sur la CDU que sur le pays grâce à une évolution favorable de l'économie allemande, malgré la grave crise commencée en 2008, alors que la plupart des dirigeants des autres pays européens ont été emportés. On risque toutefois de s'y tromper en se contentant d'observer la période qui va de 2005 à aujourd'hui. Il faut prendre davantage de recul : l'économie allemande s'est certes nettement redressée depuis l'arrivée d'Angela Merkel aux affaires, mais, pour autant, elle ne va en réalité guère mieux aujourd'hui qu'avant que Gerhard Schröder n'en prenne les rênes.

Du côté de l'emploi, on a assisté à une multiplication des petits boulots – les *minijobs*, disent les Allemands – de quelques heures par semaine pour moins de 400 euros par mois. Ils ne donnent lieu qu'au versement de cotisations sociales très réduites et aucun droit à des pensions de retraite et autres prestations. Mais ces personnes travaillent et elles sortent des statistiques du chômage. En mars 2012, on dénombrait ainsi outre-Rhin 4,8 millions de personnes occupant exclusivement un emploi de ce type, 3,1 millions de femmes pour 1,6 million d'hommes, un nombre quasiment stable depuis 2005. C'est notamment par ce biais que la politique de Gerhard Schröder a consolidé le rapport inégalitaire hommes-femmes sur le marché du travail allemand[1] et fortement accru le nombre de *working poors* chez notre voisin (le pourcentage de travailleurs pauvres était de 7,7 % en 2011 en Allemagne contre 6,2 % en France, selon Eurostat).

Si l'on met de côté ces petits boulots et que l'on ne s'intéresse qu'aux vrais emplois salariés soumis à cotisations sociales – il y en a 29 millions en Allemagne actuellement –, on constate certes que l'économie allemande a créé 2,8 millions d'emplois de ce type entre mars 2006 et mars 2012, dont 1,4 million – la moitié – depuis mars 2009, malgré la crise. Dans le même temps, l'économie française n'avait créé que 1 050 000 emplois entre 2006 et 2009 pour en perdre 500 000 depuis. Une performance tout à fait remarquable, qui a beaucoup contribué à donner à l'Allemagne d'Angela Merkel une position de force incontestée dans la crise de l'euro. Mais, pour autant, notre voisin n'a fait pour l'essentiel que compenser les dégâts causés par la période Schröder : ce n'est en effet qu'en 2010 que l'emploi salarié allemand (le vrai, hors petits boulots) a enfin retrouvé le niveau qui était le sien en 2000.

*Le pouvoir d'achat des Allemands toujours à la peine*

Il en va de même si on s'intéresse à la rémunération des salariés. Si l'économie allemande va nettement mieux sous Angela Merkel que sous Schröder, c'est notamment parce que l'austérité salariale de fer qui s'était alors appliquée en Allemagne s'est quelque peu relâchée, permettant enfin d'alimenter un peu plus la demande intérieure. La part des

---

1. Voir p. 61.

salaires dans la valeur ajoutée qui avait atteint un point bas à 55,1 % en 2007 est ainsi remontée à 58,4 % en 2012, selon les chiffres de la Commission européenne, une hausse de 3,3 points nettement supérieure à la moyenne de la zone euro où cette hausse n'est que de 1,8 point (et de 2,3 points en France). Même s'ils critiquaient beaucoup Schröder, les syndicats allemands sont quand même plus offensifs dans les négociations avec le patronat quand la droite est au pouvoir que lorsque ce sont leurs amis sociaux-démocrates. Et le pouvoir d'achat des salariés allemands a un peu progressé ces dernières années, alors qu'il baissait dans de nombreux pays en crise. Pour autant la rémunération réelle (inflation déduite) du salarié allemand moyen n'a toujours pas retrouvé en 2012 son niveau de 2000 : il s'en faut encore de 1,5 % selon les chiffres de la Commission européenne (tandis que celle des Français s'est accrue de 11,8 % et de 4,4 % en moyenne dans la zone euro). Bref, même si l'économie allemande s'est incontestablement mieux portée que les autres sous Angela Merkel, elle n'a pour l'essentiel, tant en termes d'emploi que de revenus, que compensé les effets massivement négatifs de la période Schröder.

### 4.2. Les avantages (provisoires) du vieillissement

L'amélioration récente de l'économie allemande tient de plus pour une bonne part à des causes qui ont fort peu à voir tant avec les réformes de Gerhard Schröder qu'avec la politique d'Angela Merkel. La première d'entre elles provient paradoxalement du vieillissement rapide de la population et de la faible natalité persistante chez notre voisin. À terme, ce vieillissement constitue incontestablement une des menaces les plus importantes pour l'économie et la société allemandes. Une menace nettement aggravée d'ailleurs par les dispositions prises par Gerhard Schröder, mais aussi par Angela Merkel en 2007, pour limiter les cotisations retraite afin d'abaisser le coût du travail. Elles préparent en effet une paupérisation massive des futurs retraités, ce dont les Allemands commencent seulement à prendre réellement conscience avec un certain effroi. Mais, dans l'immédiat, ce déséquilibre démographique a plutôt été un avantage pour l'économie germanique.

Les moins de 15 ans, qui représentaient en 1999 15,8 % de la population allemande, n'en pesaient plus que 13,3 % en 2011, soit 2 millions de jeunes en moins. Alors qu'en France cette proportion n'a baissé que de 19,1 % à 18,5 %, le nombre de ces jeunes augmentant même de 600 000. À terme, cette jeunesse nombreuse devrait constituer une richesse pour l'économie française, mais, dans l'immédiat, elle représente autant de bouches à nourrir en plus pour les actifs, de logements à trouver pour les accueillir et de dépenses publiques supplémentaires pour financer écoles et structures d'accueil pour leurs loisirs. Il y a déjà nettement plus de personnes âgées en Allemagne qu'en France, mais, malgré cela, la population d'âge inactif (moins de 15 ans et plus de 65 ans) pèse plus chez nous que chez notre voisin du fait de l'importance de l'écart du côté des jeunes.

Par ailleurs, nous l'avons dit, l'emploi allemand n'a réellement retrouvé qu'en 2010 son niveau de 2000. Pourtant le chômage a, lui, baissé d'un peu plus de 1 million de personnes entre 2000 et 2012. Tandis que la France, qui, en 2012, compte 1,8 million d'emplois de plus qu'en 2000, doit pourtant déplorer 700 000 chômeurs de plus. Au-delà du développement massif des petits boulots outre-Rhin, c'est aussi un effet de la divergence des trajectoires démographiques entre nos deux pays : entre 2000 et 2012 la population allemande âgée de 15 à 64 ans a diminué de 1,7 million de personnes alors qu'elle s'est accrue de 2,8 millions en France. De quoi relativiser sérieusement les mérites d'Angela Merkel et de Gerhard Schröder.

Au total, entre 2000 et 2012, la population allemande a diminué de 370 000 personnes pendant que celle de l'Hexagone augmentait de 4,9 millions... Ces évolutions démographiques opposées ont en particulier un impact majeur sur un domaine qui pèse très lourd en termes de coûts, tant pour les ménages que pour les entreprises : l'immobilier et le logement. Le recul démographique explique pour l'essentiel l'absence totale de bulle immobilière chez nos voisins pendant les années 2000. Alors qu'en France les prix de l'immobilier ont été multipliés par deux et demi entre 1996 et 2010, quasiment autant qu'en Espagne, leur niveau n'a pas bougé d'un iota en Allemagne. Résultat : en moyenne un logement coûtait 3 800 euros le m$^2$ en France en 2011 contre 1 300 euros en Allemagne, un rapport de 1 à 3 ! Un logement à Paris revenait en moyenne à 8 000 euros le m$^2$ quand un logement à Francfort, pourtant la capitale de la finance allemande, n'en coûtait que 3 000, deux fois et demie moins cher...

*Pas de bulle immobilière*

Cette absence de bulle immobilière doit cependant aussi à l'absence de politiques publiques en faveur de la propriété individuelle des logements (la France de propriétaires chère à Nicolas Sarkozy) et de politiques fiscales pour orienter l'épargne vers la rente immobilière plutôt que vers des usages productifs (une grande spécialité française). Moyennant quoi, en 2010, seuls 53 % des Allemands étaient propriétaires de leurs logements contre 62 % des Français et 83 % des Espagnols. Cette absence de bulle immobilière a été favorisée également, en une sorte de cercle vertueux, par l'existence de taux d'intérêt réels (inflation déduite) plus élevés en Allemagne qu'ailleurs au cours de la première décennie de l'euro, du fait des écarts d'inflation avec les autres pays européens, et notamment l'Espagne ou encore l'Irlande. Cet écart d'inflation provenant lui-même pour une part non négligeable de la modération des prix du poste logement. La forte baisse des taux d'intérêt engendrée en Allemagne depuis 2010 par la crise de l'euro – nous y reviendrons – a cependant commencé à doper les prix de l'immobilier. Mais, en attendant, l'écart phénoménal qui s'est ainsi creusé en une décennie entre l'Allemagne et la France (ainsi qu'avec le reste de la zone euro) en termes de prix de l'immobilier (et donc de coûts des logements mais aussi des locaux d'activité) a été un facteur puissant de modération des coûts pour les entreprises et notamment des coûts salariaux.

En 1999, le poste logement, eau, gaz, électricité était en Allemagne supérieur de 18 % à la moyenne de la zone euro (+ 11 % en France). En 2011, il était devenu outre-Rhin inférieur de 1 % à cette moyenne (contre + 12 % en France). Et cela bien que la hausse des prix de l'énergie ait été supérieure en Allemagne du fait des politiques plus actives menées pour développer les énergies renouvelables.

C'est surtout cette évolution qui explique que les prix à la consommation dans leur ensemble, dont le niveau était en 1999 supérieur de 8 points en Allemagne à la moyenne de la zone euro (+ 5,9 points en France), soient devenus plus bas de 1,8 point en 2011 (contre + 7 points en France). Les prix des biens restent en moyenne plus chers de 6,1 points en Allemagne que dans la zone euro, selon Eurostat (et de 0,6 point de plus qu'en France). Le recul de la population allemande a donc apporté une contribution décisive à la modération salariale, et tant Gerhard Schröder qu'Angela Merkel n'y sont pas pour grand-chose.

Le vieillissement de la population allemande ne fait pourtant que commencer et l'implosion démographique déjà engagée devrait s'accélérer. Avec des conséquences spectaculaires : selon les prévisions de la Commission européenne, de 83 millions d'habitants aujourd'hui, la population allemande devrait tomber à 67 millions en 2060 pendant que la population française monterait de 65 millions à 74 millions, le croisement devant s'opérer vers 2045. Ce qui devrait amener également à un croisement vers la même époque des poids économiques des deux pays. La part des plus de 65 ans dans la population de notre voisin devrait alors monter de 20 % aujourd'hui à 33 %, en 2060 (+ 13 points), contre une augmentation de 10 points « seulement » (de 17 à 27 %) dans l'Hexagone. Le ratio population d'âge inactif (moins de 15 ans et plus de 65 ans) / population totale, plus faible actuellement en Allemagne qu'en France, devrait devenir plus important chez notre voisin vers 2030.

*L'implosion démographique allemande*
*ne fait que commencer*

Cette évolution démographique, si elle a paradoxalement été un atout dans les années 2000, risque fort de poser bientôt de sérieux problèmes à l'Allemagne, avec notamment des difficultés, qui commencent à se manifester, pour trouver des jeunes qualifiés en nombre suffisant pour se substituer aux baby-boomers dans l'industrie. Par ailleurs ces perspectives limitées de développement économique futur rendent la situation de l'endettement public allemand, d'un niveau très proche actuellement du niveau français, plus inquiétante en réalité que l'endettement hexagonal, puisque *a priori* la capacité à produire demain de la richesse pour la rembourser devrait être supérieure en France à ce qu'elle sera en Allemagne. Or, dans la crise de la zone euro, les investisseurs portent depuis 2010 une appréciation très positive sur la qualité des *Bund*, les bons du Trésor allemand, permettant à l'État allemand d'emprunter à des taux d'intérêt réels négatifs. Et ce n'est pas le moindre des éléments qui contribuent à donner à Angela Merkel un leadership incontesté en Europe. Pourtant cette attitude relève de l'aveuglement habituel des investisseurs financiers, qui avaient plébiscité les valeurs internet en 2000 et n'avaient pas eu peur de la bulle immobilière américaine en 2008. La bonne santé de la dette allemande sur les marchés financiers a, pour des raisons d'abord démographiques, de bonnes chances de se révéler prochainement comme une bulle spéculative de plus…

Une accélération de l'immigration, favorisée notamment par la crise de la zone euro, permettrait-elle de contrecarrer l'effondrement démographique allemand ? Dans une certaine mesure, oui. Mais la question de l'immigration est des plus sensibles en Allemagne, même si, pour des raisons liées à l'histoire du XX$^e$ siècle, on n'a pas assisté jusqu'ici à l'émergence électorale de partis d'extrême droite puissants surfant sur ces problématiques. L'immigration suscite néanmoins de fortes tensions outre-Rhin, y compris dans des secteurs de l'opinion qui devraient *a priori* être peu tentés par les idées xénophobes, comme l'a montré en 2010 l'ouvrage à succès de Thilo Sarrazin, ancien responsable SPD des finances du *Land* de Berlin – *L'Allemagne court à sa perte* –, qui déplorait la très faible natalité allemande et déniait toute capacité à l'immigration de corriger ce problème. Ou encore le livre, paru en 2012, de Heinz Buschkowsky, maire SPD du quartier populaire de Neukölln à Berlin – *Neukölln ist überall* (Neukölln est partout) – qui tire la sonnette d'alarme à propos de l'échec patent à ses yeux des politiques d'intégration chez notre voisin.

Même si ces difficultés touchent surtout à l'intégration des immigrés en provenance de Turquie, la capacité de la société allemande à absorber une vague importante d'immigration, fût-elle européenne, au cours des prochaines années sans de fortes tensions sociales et politiques pose question. D'autant que la crise de la zone euro et sa gestion interne par le gouvernement d'Angela Merkel ont beaucoup, et sans doute durablement, renforcé les préjugés racistes et xénophobes au sein de la population allemande. En effet, depuis 2010, les médias grand public allemands, et notamment le puissant quotidien populaire *Bild Zeitung*, ont multiplié articles et reportages exaltant l'opposition entre les courageuses fourmis allemandes et les paresseuses, corrompues et inefficaces cigales grecques, portugaises, espagnoles, italiennes. Celles-ci avaient déjà eu le tort de voler à nos irréprochables voisins leur cher Deutsche Mark. Elles veulent désormais leur piquer leurs économies sans même rembourser l'argent qu'elles leur doivent déjà.

*Les dérapages chauvins pendant la crise
de la zone euro*

Cette campagne médiatique a été d'autant plus virulente que ces dérapages chauvins ont été largement cautionnés par la grande majorité des économistes allemands. À quelques exceptions près, comme Peter Bofinger, professeur à l'Université de Würzburg et l'un des cinq Sages qui conseillent le gouvernement allemand en matière économique, ou Thomas Fricke, éditorialiste et responsable de la macroéconomie au quotidien *Financial Times Deutschland*, les économistes d'outre-Rhin ont en effet à peu près tous justifié les politiques d'austérité excessives imposées aux pays de la zone euro en crise. Une bonne partie de la droite allemande a fait chorus, en en rajoutant même souvent sur ce qu'elle percevait comme la tendance dominante de l'opinion publique, bien qu'elle ait été jusque-là traditionnellement plus pro-européenne que son homologue française. Le FDP, le petit parti libéral, avait en particulier fourni très régulièrement à la République fédérale des ministres des Affaires étrangères qui avaient été de véritables chevilles ouvrières de la construction européenne côté allemand et des gardiens attentionnés de la relation franco-allemande.

Ce fut notamment le cas de Hans-Dietrich Genscher, ministre des Affaires étrangères sans discontinuer du social-démocrate Helmut Schmidt, puis du chrétien-démocrate Helmut Kohl entre 1974 et 1992. Ce fut donc lui qui négocia notamment pour le compte de son pays tant l'Acte unique européen en 1986 que la réunification en 1990 ou encore le traité de Maastricht en 1992. Or, le FDP a été constamment menacé ces dernières années de passer sous la barre des 5 %, ce qui vaut élimination du système politique allemand. Il a donc été tenté de se refaire une santé en radicalisant son discours anti-État et anti-impôts et en embrassant la cause du souverainisme allemand sur le modèle à la fois du thatchérisme des conservateurs britanniques et du discours franchement anti-européen que le FPÖ, l'homologue autrichien du FDP, avait adopté sous la direction du sulfureux Jörg Haider.

À rebours de toute son histoire, le FDP est ainsi devenu ces dernières années l'aile la plus eurosceptique de la coalition d'Angela Merkel. Il est néanmoins en concurrence sur ce plan avec un autre « maillon faible » de la droite allemande : les chrétiens-sociaux bavarois. Héritage de l'histoire, la Bavière constitue un monde toujours à part au sein de l'Allemagne fédérale. Cela se traduit notamment par le fait que la CDU, le parti d'Angela Merkel, n'y existe pas : s'y substitue la CSU, un parti chrétien-social, indépendant de la CDU, mais toujours allié avec celle-ci au niveau fédéral. Cette CSU, particulièrement réactionnaire sur les sujets de société, dirige la Bavière depuis toujours mais elle subit l'usure du pouvoir – elle est notamment régulièrement au cœur de nombreux scandales de corruption – et voit sa domination sur le *Land* s'éroder régulièrement. Elle a misé elle aussi sur l'euroscepticisme et la surenchère anti-grecque pour tenter de se refaire une santé.

Le mal qui a été fait au sein de la société allemande en terme de chauvinisme et de xénophobie depuis 2010 par ces apprentis sorciers risque d'avoir de lourdes conséquences sur l'avenir de l'Europe. Face à la pression anti-européenne conjointe des grands médias, des économistes orthodoxes et de fractions importantes de sa propre majorité, Angela Merkel a certes évité plutôt de jeter de l'huile sur le feu, mais elle a longtemps temporisé et ne s'est décidée que tardivement à essayer de convaincre ses concitoyens que, quelle que soit leur relative bonne fortune économique du moment, ils avaient de toute façon, et auraient sans doute encore plus à l'avenir, besoin de l'espace de solidarité que constitue l'Europe.

*L'immigration, une solution problématique*

Miser sur l'immigration des jeunes qualifiés au chômage en provenance de Grèce, d'Espagne ou d'Italie pour sauver l'économie allemande des effets de l'implosion démographique en cours, reviendrait de plus à appauvrir définitivement ces pays en les privant du potentiel productif qui pourrait leur permettre de se redresser dans le futur. Tout en tirant profit des dépenses publiques et privées importantes réalisées dans ces pays au cours des dernières décennies pour éduquer ces jeunes. Un « investissement » que l'Allemagne a renoncé à mettre en œuvre, ce qui explique pour une part significative la relativement bonne situation des comptes privés et publics allemands. Il s'agirait ainsi au bout du compte d'un formidable hold-up, un transfert massif de richesses entre l'Europe périphérique en crise et la « vertueuse » Allemagne...

Les sombres perspectives démographiques du pays sont souvent invoquées pour expliquer le soutien de l'opinion publique allemande à des politiques économiques très restrictives en Allemagne, mais aussi ailleurs en Europe. Il se peut en effet que le vieillissement de la population favorise des comportements économiques frileux, dissuadant l'investissement et la prise de risques et incitant à une épargne excessive. Pour autant, une telle attitude n'en reste pas moins parfaitement irrationnelle : du point de vue des véritables intérêts d'une population allemande vieillissante, cela n'a aucun sens de refuser d'aider les pays d'Europe du Sud en crise, comme l'a fait avec une constance remarquable Angela Merkel depuis 2010, et de les pousser toujours plus loin dans la récession, au risque de les obliger à faire défaut sur leurs paiements. C'est le moyen le plus sûr pour les futurs retraités allemands de perdre leur épargne accumulée et placée pour l'essentiel à l'extérieur du pays du fait des excédents colossaux de la balance des paiements de notre voisin. « Devez tous les jours à quelqu'un, expliquait fort justement Panurge à Pantagruel dans *Le Tiers Livre* de Rabelais, et celui-ci priera continuellement Dieu pour vous : pour vous donner bonne, longue et heureuse vie. Craignant de perdre sa dette, il dira toujours du bien de vous en toutes compagnies. Il vous fera toujours trouver de nouveaux créditeurs. Afin que grâce à eux vous achetiez des terres, et grâce à cette terre remplissiez son fossé. » Mais les Allemands ne lisent pas Rabelais... S'il était encore besoin de démontrer que l'hypothèse de l'*homo oeconomicus* rationnel, chère à la théorie économique néoclassique, est une fiction qui n'a (malheureusement) rien à voir avec le comportement profondément irrationnel des acteurs économiques réels, l'attitude de l'opinion publique allemande et du gouvernement d'Angela Merkel dans la crise de la zone euro en fournirait un exemple des plus éclairants. .

### 4.3. Les bénéfices de la chute du Mur

Durant la décennie 2000, l'économie allemande n'a pas seulement tiré profit du vieillissement de sa population, elle a aussi été la principale gagnante de l'effondrement du bloc soviétique et de l'intégration des pays d'Europe centrale et orientale à l'Union européenne. Nous avons déjà souligné que la réunification allemande n'avait pas seulement été une opération terriblement coûteuse pour les Allemands de l'Ouest, contrairement à ce que la plupart d'entre eux pensent encore aujourd'hui. Elle avait aussi ouvert à l'industrie de l'ex-Allemagne de l'Ouest à la fois de nouveaux débouchés et un terrain d'implantation privilégié pour des usines toutes neuves. Après la période souvent chaotique du début des années 1990, il en a également été de même, et à beaucoup plus grande échelle encore, des pays d'Europe centrale et orientale (les PECO), les ex-pays frères de la RDA. Ils pèsent en effet ensemble 101 millions d'habitants contre 17 pour les seuls Allemands de l'Est. Même si leurs rapports avec l'Allemagne n'ont pas toujours été faciles dans l'histoire, et restent encore aujourd'hui profondément marqués, notamment en Pologne, par l'expérience dramatique de la Seconde Guerre mondiale, il s'agissait pour l'Allemagne d'une zone d'influence traditionnelle, et son industrie n'a guère eu de difficultés à y reconquérir rapidement une position dominante. Notamment en se servant des réseaux dont y disposaient les entreprises d'Allemagne de l'Est reprises par des sociétés de l'Ouest. L'industrie allemande peut ainsi profiter pleinement d'un *Hinterland* d'où elle tire composants et sous-ensembles fabriqués à bas coûts, ce qui lui a permis d'accroître sensiblement la compétitivité-coût de ses produits finis. Elle a parallèlement développé à marche forcée ses capacités de production dans ces pays, alimentant ainsi en retour ses propres exportations de sous-ensembles et d'équipements vers ces destinations.

L'économie allemande a subi depuis les années 1990 une transformation radicale : les exportations, qui pesaient 23,7 % de son PIB en 1995, en représentaient 51,9 % en 2012. Leur poids a donc plus que doublé. Alors qu'en France cette proportion, très proche de la situation allemande en 1995, n'est montée dans le même temps que de 23 à 27,3 % du PIB. Sur ce plan, la France n'est pas une exception : en Italie ou au Royaume-Uni, ce ratio n'a également progressé que de quelques points en dix-sept ans. Parmi les grands pays européens, l'Allemagne a en effet eu une trajectoire tout à fait exceptionnelle : elle a dégagé, nous l'avons dit, d'importants excédents commerciaux ces dernières années. Pour autant les importations allemandes ont connu elles aussi une hausse impressionnante : entre 1995 et 2012, elles sont passées de 23,1 % du PIB à 47,4 % en 2012. C'est lié notamment aux importations depuis les pays à bas coûts. En 1995, les importations en provenance des PECO ne représentaient encore que 1,1 % du PIB allemand. En 2010, cette proportion était montée à 4,5 %. Depuis 2001 déjà, les PECO exportent plus vers l'Allemagne que la France, qui n'a guère profité de l'envolée des importations germaniques. En 1991, les exportations hexagonales pesaient 2,8 % du PIB allemand. En 2010, cette proportion était toujours de 2,7 %. Depuis 2009, la France a perdu son statut de premier partenaire commercial de l'Allemagne : la Chine lui vend davantage désormais.

*Les PECO supplantent la France*

Du côté des investissements allemands à l'étranger, la dynamique est tout aussi impressionnante : selon les données de l'OCDE, les multinationales allemandes avaient investi en 1995 19 milliards de dollars dans des entreprises françaises, contre 7,3 dans les PECO et 1,1 en Chine. En 2009, on en était à 83 milliards dans les PECO contre 63 en France et 30 en Chine. Depuis 2005, les investissements allemands dans les PECO ont dépassé les investissements germaniques en France dont le stock baisse même ces dernières années. De leur côté, les multinationales françaises ont investi deux fois plus en Allemagne que les multinationales allemandes en France, mais deux fois moins que ces dernières dans les PECO et en Chine. Et ce n'est pas parce qu'elles sont moins riches : la France détenait en 2010 davantage d'investissements à l'étranger – 1 560 milliards de dollars – que l'Allemagne avec 1 405 milliards.

Ce basculement de la France vers les PECO comme fournisseurs privilégiés de l'Allemagne illustre les difficultés de la position de l'Hexagone dans la division internationale du travail. Dans les années 1980 et 1990, à l'époque de l'Europe des 15, l'industrie française avait déjà largement perdu pied sur les produits innovants ou à forte valeur ajoutée dans de nombreux secteurs d'activité. Mais, avec ses infrastructures de qualité, ses personnels relativement qualifiés et ses coûts salariaux relativement faibles, notamment à proximité du Smic grâce aux exonérations de cotisations sociales, elle était privilégiée par les entreprises qui cherchaient à implanter des usines tournevis afin de desservir l'Europe des 15. C'est l'époque où Toyota vint implanter une usine automobile à Valenciennes, Daewoo des usines de produits électroniques grand public en Lorraine, et Mercedes, l'usine d'assemblage des petites voitures Smart, une de ses filiales, en Lorraine. Mais l'intégration des PECO dans l'Union européenne, finalisée en 2004, a fait perdre à la France cet avantage comparatif : avec un rapport de plus de cinq pour les coûts horaires dans le secteur industriel par rapport à la Roumanie ou à la Pologne, il n'y a pas photo... Et cela explique le basculement des interactions privilégiées de l'industrie allemande de son flanc ouest vers sa frontière orientale.

Cette imbrication croissante de l'économie allemande avec les pays à bas coût d'Europe centrale et orientale avait suscité un vif débat en Allemagne même au milieu des années 2000, au moment où le chômage atteignait des sommets à cause de la politique menée par Gerhard Schröder. Cette polémique avait été animée en particulier par un personnage haut en couleur qui joue un rôle important chez notre voisin : Hans Werner Sinn, le président de l'institut Ifo d'études économiques, établi à Munich, omniprésent dans les médias allemands. Il est aujourd'hui outre-Rhin l'un des principaux pourfendeurs des politiques d'aide aux pays européens en crise, ainsi qu'un opposant acharné au rachat de dettes par la Banque centrale européenne (BCE). Mais, à l'époque, il sonnait le tocsin contre « l'économie de bazar » que menaçait selon lui de devenir l'économie allemande et avait publié un livre à succès sous ce titre. Selon cette thèse, l'économie allemande était en train de perdre savoir-faire et emplois à cause de la sous-traitance qu'elle pratiquait à trop grande échelle dans les PECO. La suite a prouvé cependant que Hans Werner Sinn s'était grossièrement trompé (comme la suite des aventures de la zone euro prouvera, je l'espère, qu'il se trompe de nouveau aujourd'hui : cette stratégie de délocalisation d'une partie significative de la production industrielle allemande dans les PECO s'est révélée au final largement gagnante pour l'économie de notre voisin.

### La France n'a pas d'Hinterland

A *contrario*, un des principaux handicaps de l'industrie française est de ne pas pouvoir s'appuyer, comme l'industrie allemande, sur un *Hinterland* à bas coût, même si certaines firmes, comme Renault avec la Logan construite en Roumanie, ont réussi elles aussi à mettre en œuvre ce type de stratégie. Ce succès n'a cependant rien à voir avec les réformes menées par Gerhard Schröder ou Angela Merkel. Il entretient en revanche un rapport étroit avec la codétermination allemande : si ces stratégies de localisation de la production ont permis des gains sensibles de compétitivité-coût, sans pour autant que l'industrie s'étiole en Allemagne même, c'est notamment parce qu'elles ont dû être négociées pied à pied avec les représentants des salariés au sein des *Bertriebsräte* (comités d'entreprise) et des conseils de surveillance paritaires. Les syndicalistes allemands, conscients des responsabilités qu'impliquaient les pouvoirs importants dont ils disposent, ont eu l'intelligence de ne pas s'opposer frontalement à ces stratégies de *sourcing* dans les pays à bas coûts d'Europe centrale et orientale. Toujours est-il donc que le redressement industriel de l'Allemagne et ses succès à l'exportation doivent beaucoup plus à la position géostratégique du pays au cœur de l'Europe réunifiée, à l'exploitation intelligente et équilibrée (du point de vue allemand, en tout cas) qu'en ont fait les firmes du pays qu'aux réformes de Gerhard Schröder.

### 4.4. L'explosion de la demande des pays émergents

La performance la plus impressionnante réalisée par l'industrie allemande depuis le début des années 2000 concerne les exportations hors de l'Europe, et cela dans le contexte d'une mondialisation *a priori* peu favorable à l'industrie européenne. Jusqu'ici l'industrie allemande est parvenue non seulement à tenir tête à la concurrence nouvelle des pays émergents, mais aussi à tirer profit de cette donne inédite. Les exportations allemandes en dehors de l'Union européenne à 27 pesaient 18 % de son PIB en 2012 contre 8,5 % en 1995, plus qu'un doublement en l'espace de dix-sept ans. Tandis que, dans le même temps, ces exportations ne progressaient que de 7 à 9,4 % du PIB français. Là aussi, c'est bien l'Allemagne qui fait exception et non la France : les exportations hors d'Europe de l'Italie ou du Royaume-Uni ont augmenté dans des proportions aussi limitées qu'en France, voire plus faibles encore pour le Royaume-Uni.

Mais surtout, l'Allemagne est parvenue, quasiment seule en Europe, avec la Suède, à dégager des excédents considérables dans ses échanges avec les pays non européens. En 2012, ils ont été d'environ 120 milliards d'euros, contre un déficit global de 170 milliards d'euros pour l'ensemble des autres membres de la zone euro (dont 34 milliards pour la France). Alors que jusqu'au milieu des années 2000 l'Allemagne réalisait l'essentiel de ses excédents extérieurs aux dépens du reste de l'Union, c'est aujourd'hui de pays non européens qu'elle tire la quasi-totalité de ce surplus de richesses : les excédents allemands hors Europe représentaient, en 2012, 4,6 % du PIB germanique contre 1,1 % seulement pour les excédents réalisés au sein de l'Union.

Si les comptes extérieurs de l'Union européenne et de la zone euro sont, année après année, quasiment équilibrés malgré les quantités croissantes de gaz et de pétrole que nous devons importer, c'est avant tout grâce aux performances exceptionnelles de l'industrie allemande hors de l'Europe : c'est grâce à elle que les Européens, pris comme un ensemble, ne se trouvent pas dans la situation des Américains qui, depuis des décennies maintenant, consomment beaucoup plus qu'ils ne produisent, et vont devoir s'ajuster maintenant dans un processus qui sera long et douloureux. Malgré la crise qui ronge la zone euro depuis 2010, la poursuite de ces succès à l'exportation hors de l'Europe explique pour une bonne part la résistance exceptionnelle de l'économie germanique jusqu'ici, ainsi que l'intransigeance du gouvernement d'Angela Merkel et de l'opinion publique allemands dans la recherche de solutions acceptables par tous à la crise de la zone euro, puisque vu d'Allemagne rien ne presse. Ces succès nourrissent de plus le fantasme, perceptible dans l'opinion comme dans les cercles dirigeants allemands, que le pays pourrait à tout prendre s'en sortir sans l'euro et l'Union européenne. En devenant, au besoin, une sorte de grande Suisse industrielle détachée de ses encombrants voisins, et notamment de ceux du « club Med » d'Europe du Sud. Les succès à l'exportation de notre voisin vers les pays émergents expliquent enfin pourquoi les autorités allemandes, sous Angela Merkel comme sous Gerhard Schröder ou Helmut Kohl, figurent parmi les plus résolument hostiles à toute perspective de « protectionnisme européen » régulièrement proposée pour des raisons symétriques par les gouvernements français...

## Compétitivité-coût et compétitivité hors coût

À quoi est lié ce succès ? Pour apprécier la position compétitive d'un pays ou d'une industrie, les économistes distinguent généralement la compétitivité-coût d'une part, celle qui est liée à l'évolution des coûts de production, et la compétitivité-hors coût d'autre part, celle qui tient à la capacité à proposer des produits innovants, au design attirant, dont les caractéristiques particulières sont susceptibles de justifier des prix plus élevés que les produits concurrents. Cette distinction est intellectuellement intéressante, mais elle se révèle toujours d'un intérêt pratique limité, car dans une situation concrète donnée, on ne sait jamais distinguer clairement les éléments de compétitivité-coût de et de compétitivité-hors coût...

Selon les données d'Eurostat, les prix des produits industriels allemands destinés à l'exportation ont augmenté en moyenne de 19 % entre 1999 et 2012, contre 27 % pour les prix industriels français. On n'a pas constaté pour autant une dérive particulière de ces prix en France : la moyenne de cette hausse en Europe comme dans la zone euro est de 26 %. Il n'en reste pas moins que l'industrie allemande a donc pris un avantage indéniable en termes de compétitivité-coût sur cette période. Nous venons de voir qu'une part significative de cet avantage provenait non pas de mesures prises en Allemagne même, et en particulier des réformes menées par Gerhard Schröder, mais de l'imbrication productive croissante avec les pays à bas coûts des PECO. Combien pèse précisément ce facteur particulier ? Impossible de le dire, mais cet écart de 8 points sur les prix industriels est plus important que celui qu'expliquent les seules évolutions de coûts salariaux.

Il existe différentes sources pour l'analyse de ces coûts salariaux qui ne donnent pas toutes des résultats identiques. Nous partirons ici des chiffres fournis, depuis 1975, par le *Bureau of Labor Statistics* (BLS) du ministère américain du Travail. Le BLS mène en effet ce travail à une échelle mondiale, ce que ne fait pas Eurostat qui ne fournit de données de ce type que pour les pays européens. Selon le BLS, une heure de travail allemande dans le secteur industriel coûtait en 2010 43,8 dollars en moyenne contre 40,6 en France, un écart de 8 %.

*L'exception allemande*

Contrairement à ce qu'on entend souvent, ce n'est donc pas parce que le coût du travail serait devenu moins cher en Allemagne qu'en France que les industriels allemands font des étincelles à l'international. En revanche, ce que confirment les chiffres du BLS, c'est que l'évolution de ce coût horaire a été significativement plus modérée en Allemagne ces dernières années : en 2000, en effet, l'écart entre les coûts horaires allemand et français était encore de 19 %. Non pas, encore une fois, que le coût du travail français ait connu une dérive particulière sur cette période : il a nettement moins augmenté qu'en Espagne, en Italie, au Portugal, en Irlande et en Grèce, mais aussi qu'en Belgique, aux Pays-Bas ou encore au Danemark. Au sein de la zone euro, il n'y a, en dehors de l'Allemagne, qu'en Autriche où ce coût ait un (tout petit) peu moins progressé qu'en France. L'exception est donc bien, une fois de plus, allemande.

Cette modération des coûts salariaux doit certes aux réformes de la protection sociale introduites par Gerhard

Schröder et poursuivies par Angela Merkel, notamment avec la hausse de 3 % du taux de TVA mise en œuvre en 2007 en échange d'une baisse des cotisations sociales. Ce précédent est souvent invoqué dans les débats français en faveur d'un « choc de compétitivité » via le transfert de cotisations sociales vers une TVA dite sociale ou vers la CSG. Mais, en réalité, Angela Merkel visait surtout avec cette mesure un accroissement des recettes publiques pour assainir la situation budgétaire très dégradée laissée par Gerhard Schröder. La baisse des cotisations sociales réalisée en contrepartie n'a été en effet qu'homéopathique : – 1,1 point de cotisations sociales, répartis par moitié entre cotisations patronales et cotisations salariales, soit une baisse du coût du travail de 0,55 %…

En revanche, nous venons de voir que cette modération salariale avait été, pour une bonne part, un effet inattendu de « l'hiver démographique » qui a démarré depuis le début des années 2000, entraînant une stabilité des prix de l'immobilier (et donc du coût du logement) que n'a connu aucun autre pays européen durant cette période. La modération salariale dans le secteur industriel tient aussi pour partie, nous l'avons dit, au développement de l'emploi féminin à bas salaire dans le secteur des services, très peu régulé socialement en l'absence de salaire minimum légal en Allemagne. Ce qui a permis d'y maintenir des niveaux de prix bas, préservant le pouvoir d'achat des hommes employés dans l'industrie, malgré une évolution très faible de leurs salaires.

Résultat : les coûts salariaux allemands ont en effet moins augmenté qu'ailleurs dans le secteur industriel durant cette période. Cela dit, sur un plan économique, ce n'est pas l'évolution des seuls coûts salariaux qui compte : il faut combiner celle-ci avec celle de la productivité, la quantité de richesses produite pendant une heure de travail, car l'un peut compenser, au moins en partie, l'autre. L'indicateur le plus pertinent pour apprécier les évolutions de la compétitivité-coût s'appelle le « coût unitaire de main-d'œuvre » qui associe ces deux évolutions. Or le BLS constate que, sur la période 1999-2010, la productivite horaire du travail a significativement plus progressé en France (+ 36 %) qu'en Allemagne (+ 28 %) dans le secteur manufacturier. Ce qui limite d'autant l'écart lié au coût du travail. Au bout du compte, selon le BLS, les coûts unitaires de main-d'œuvre allemands n'ont progressé que de 0,6 % entre 1999 et 2010 tandis que les coûts unitaires français augmentaient de 5,5 %, un écart de 4,9 points de pourcentage. Cela ne signifie pas, encore une fois, que les coûts français auraient particulièrement dérivé : durant la même période les coûts unitaires italiens ont progressé de 33 %, les espagnols de 25 % et les coûts britanniques de 14 %.

*L'effet (massif) de la hausse de l'euro*

Est-ce que cet écart de près de 5 % sur les coûts unitaires de main-d'œuvre peut expliquer à lui seul – comme voudraient le faire croire les patrons français – que l'industrie allemande se porte comme un charme tandis que son homologue française se trouve au bord du précipice ? Non, bien sûr. Ce qui a tué quasiment toute l'industrie européenne depuis le début des années 2000, c'est d'abord et avant tout la formidable hausse qu'a subie l'euro face au dollar au cours des dix premières années de son existence : en 2000, il valait 0,90 dollar, en 2008, il était monté jusqu'à 1,6 dollar et, en 2010, il en valait encore 1,5. Et cela alors que les monnaies de la plupart des pays émergents, et notamment la monnaie chinoise, sont indexées sur le dollar

Du coup, en 2000, une heure de travail américaine coûtait 17 % de plus qu'une heure de travail française. En 2010, elle en coûtait par contre 14 % de moins. Et c'est encore pire pour le Japon : on est passé dans le même temps de + 18 % à − 21 %... Et surtout, du fait de la hausse de l'euro, l'écart de coût du travail entre la France et aussi l'ensemble des pays européens, y compris l'Allemagne, s'est creusé avec la plupart des pays émergents. Une heure de travail coréenne valait 46 % de celle d'un Français en 2000 et 41 % en 2010. Pour une heure de travail taïwanaise, on est passé de 34 % à 21 %. L'heure mexicaine a baissé de 22 % à 15 % d'une heure française... Bref, les industriels européens ont subi durant cette période un « choc de compétitivité » d'une violence incroyable. Cela n'a cependant pas eu que des inconvénients pour l'Europe : les produits importés (télévisons à écran plat et autres smartphones notamment) ont été particulièrement bon marché, tandis que les hausses des prix du gaz et du pétrole dont les prix sont libellés en dollar ont été amorties. Les firmes européennes ont pu également, grâce à la valeur élevée de l'euro, racheter à bon compte des entreprises dans le monde entier et s'internationaliser à marche forcée. Il n'est pas surprenant par contre que la période ait été aussi dévastatrice pour la production industrielle sur le territoire même de la zone euro.

La seule chose qui soit étonnante dans ce contexte c'est que l'industrie allemande ait réussi, elle, à résister à ce choc qui a emporté toutes les autres. Y compris l'industrie italienne dont on vantait pourtant, il y a peu encore, la flexibilité et la capacité d'innovation avec ses fameuses PME organisées en « districts industriels »… La modération salariale allemande a limité le choc de la hausse de l'euro, de même (et sans doute davantage encore) que l'intégration productive avec les PECO. Mais l'explication principale de ce « miracle » tient à la rencontre d'une spécialisation allemande très particulière, et ancienne, dans les biens d'équipement, d'une part, et les automobiles haut de gamme, d'autre part, avec le formidable essor de la demande pour ces biens lié au décollage des pays émergents au cours des quinze dernières années.

*Le faux débat*
*sur les entreprises de taille intermédiaire* (ETI)

Le débat sur la compétitivité allemande se focalise souvent en France autour des entreprises de taille intermédiaire – ces entreprises qui occupent de 50 à 250 salariés – qui contribuent de façon décisive aux succès à l'exportation de l'industrie allemande et sont insuffisamment nombreuses en France. Il ne fait aucun doute que la trop faible taille des entreprises françaises (et encore plus italiennes) est un obstacle majeur tant du point de vue de leur capacité de recherche et innovation que de leurs potentialités à l'exportation. Pour autant, cette focalisation sur la question de la taille passe probablement à côté de l'essentiel : ce qui permet l'existence – et le succès à l'exportation – des entreprises allemandes de taille intermédiaire, c'est surtout la nature de leur activité. Elles sont en effet spécialisées dans le domaine des biens d'équipement. Or quand vous êtes LE spécialiste de LA machine qui permet de réaliser telle ou telle opération dans telle ou telle industrie particulière, vous pouvez être le roi du pétrole à l'échelle mondiale avec

300 salariés et vendre au Brésil, en Chine, en Inde, aux États-Unis... Mais si vous êtes un simple sous-traitant de l'automobile ou un spécialiste de tel ou tel bien de consommation, même si vous grandissez pour passer de 100 à 300 emplois, vous n'exporterez pas davantage et resterez un *nobody* à l'échelle mondiale.

L'industrie allemande bénéficie en effet d'une position très forte dans le secteur des biens d'équipement. Un domaine où l'industrie française a largement perdu pied depuis les années 1980. En 2011, l'Allemagne représentait 18 % des emplois européens, mais, dans le secteur des machines et des équipements électriques, elle en concentre à elle seule 33 %, quasiment deux fois plus, un ratio inégalé en Europe. Alors que la France, qui représente 12 % des emplois européens, ne pèse que 8 % dans ce domaine, quatre fois moins que l'Allemagne. Seule la République tchèque s'approche des niveaux de spécialisation allemands dans ce domaine, mais elle ne pèse que 3,8 % du total des emplois européens en matière de machines. C'est pourquoi quand les Chinois, les Indiens, les Brésiliens, les pays producteurs de pétrole... se sont mis à construire des usines par centaines à partir de la fin des années 1990, les exportations allemandes ont connu un tel boom. Les ETI allemandes du secteur des biens d'équipement ont aussi profité de l'internationalisation à marche forcée des grandes entreprises allemandes, qui, en installant des usines dans le monde entier, ont emmené avec elles leurs fournisseurs de machines. Tandis que l'internationalisation des grandes firmes françaises, elles aussi très puissantes, n'a absolument pas eu cet effet d'entraînement sur le reste du tissu industriel puisqu'elle n'avait déjà pour l'essentiel que des fournisseurs de biens d'équipement allemands... Quant à l'industrie italienne, relativement forte jusque-là elle aussi avec 15 % des emplois européens dans le domaine des machines (le double de la France), elle a lourdement pâti de la quasi-absence de firmes multinationales italiennes pour tirer ses exportations hors d'Europe et bénéficier du décollage des pays émergents.

*Biens d'équipement et automobiles haut de gamme*

L'autre point fort de l'économie allemande, dont celle-ci a pleinement tiré profit avec le décollage des pays émergents, tient à sa position dominante – elle aussi très ancienne, rien à voir avec Schröder ou Merkel – sur le segment des automobiles haut de gamme avec Mercedes, Porsche, Audi, BMW... Un domaine où, une fois encore, les constructeurs français ont largement perdu pied depuis les années 1980. Du coup, quand une fraction des 1,3 milliard de Chinois est devenue suffisamment riche pour s'acheter (ou plutôt se faire payer par l'État ou leur entreprise) un véhicule de grosse cylindrée, ils se sont précipités sur les berlines allemandes et pas sur les Renault ou les Citroën. C'est une des raisons pour lesquelles, cette branche, longtemps l'un des (rares) points forts de l'industrie française, est en train de devenir un boulet, entraînant dans sa chute une part significative du reste du tissu industriel hexagonal dont elle était le principal débouché...

Là aussi ce problème n'a pas grand-chose à voir avec le coût du travail : en 2008, dernière année où les chiffres d'Eurostat sont connus, ceux-ci font apparaître qu'un salarié allemand de l'automobile a coûté en moyenne (cotisations sociales comprises) 62 700 euros par an contre 52 100 pour son collègue français, 20 % de moins. Mais, dans le même temps, chaque véhicule produit en Allemagne a permis de dégager un chiffre d'affaires moyen plus élevé de 83 % qu'un véhicule français... C'est pour cela que, malgré des coûts salariaux qui restent significativement plus importants, les constructeurs allemands gagnent de l'argent quand les français en perdent... De plus, ce qui rend la situation de la production sur le territoire français quasiment désespérée, c'est qu'un véhicule produit en Pologne dégage un chiffre d'affaires moyen quasiment équivalent à celui d'une automobile produite dans l'Hexagone avec un coût par salarié de 14 600 euros par an, plus de trois fois plus faible qu'en France. Sans parler de la Roumanie où le coût salarial dans l'automobile n'était en 2008 que de 7 300 euros par an, six fois moins qu'en France...

Du fait de sa spécialisation sur ces deux créneaux – biens d'équipement et automobiles haut de gamme –, l'industrie allemande a donc tiré pleinement profit du décollage des pays émergents dans les années 2000, pendant que la forte hausse de l'euro face au dollar achevait au contraire de tuer le reste de l'industrie européenne. Les réformes de Schröder ou de Merkel n'ont joué dans cette dynamique favorable qu'un rôle au mieux très secondaire.

## 4.5. L'Allemagne d'Angela Merkel a tiré profit de la crise de l'euro

Depuis 2010, l'industrie allemande a bénéficié en outre d'un des (rares) bienfaits apportés par la crise de l'euro : la baisse de son taux de change vis-à-vis du dollar. À l'automne 2012, celui-ci tournait autour de 1,3 dollar pour 1 euro, contre 1,6 à son sommet en 2008, une diminution de l'ordre de 20 %. Un tel mouvement est une condition *sine qua non* pour rendre un peu de compétitivité-coût à la Grèce, à l'Espagne ou encore à l'Italie sans avoir à leur infliger une déflation réelle des prix et des salaires prolongée. Il faudrait même que cette baisse aille au-delà du niveau de 1,3 dollar pour revenir à la quasi-parité des débuts de l'euro.

Une telle dévaluation n'est cependant pas indolore : elle se traduit par un renchérissement important des biens importés et notamment du gaz et du pétrole dont les prix sont libellés en dollar. La nécessité d'une baisse du taux de change de l'euro est une des raisons principales pour lesquelles il est indispensable que l'Europe parvienne à accélérer sa transition énergétique vers une économie à bas carbone, malgré la crise actuelle de ses finances publiques. Mais, dans l'immédiat, les premiers bénéficiaires de la baisse de l'euro n'ont pas été les Grecs ni les Espagnols, mais… l'industrie allemande. En effet, comme c'était déjà elle qui, de très loin, exportait le plus hors d'Europe, c'est aussi elle qui a profité le plus du coup de fouet en termes de compétitivité-coût donné aux produits européens par la baisse de l'euro intervenue (avec des hauts et des bas) depuis 2008. Ce qui contribue aussi à expliquer une part essentielle de la bonne tenue de l'économie allemande. C'est une des raisons pour lesquelles on peut dire à juste titre que l'Allemagne d'Angela Merkel a tiré profit de la crise qui ravage ses voisins…

Mais si l'Allemagne a mieux résisté que la plupart des autres économies à la crise, c'est aussi parce que son marché du travail est demeuré particulièrement peu flexible malgré les réformes engagées par Gerhard Schröder pour corriger ce « défaut ». Bien que le PIB allemand ait reculé de 5,1 % en 2009, contre 2,7 % en France et 3,7 % en

Espagne, l'économie allemande a conservé tous ses emplois cette année-là, alors que la France en perdait 280 000 et nos voisins du sud des Pyrénées 1,4 million ! Le gouvernement d'Angela Merkel a fait un usage massif du chômage partiel : il y eut en 2009, au plus fort de la crise, 1,5 million de salariés allemands placés dans ces dispositifs, contre 275 000 en France. L'État fédéral a consacré à ce soutien 6 milliards d'euros, contre 600 millions en France. Une politique liée en particulier aux pouvoirs étendus reconnus aux représentants des salariés dans les entreprises par la *Mitbestimmung*, la codétermination, qui a dissuadé les entreprises de licencier.

Pourtant Gerhard Schröder, grand admirateur du modèle anglo-saxon, avait fait beaucoup d'efforts pour sortir de ces pratiques jugées « archaïques » et flexibiliser le marché du travail allemand, notamment en libéralisant en 2002 l'usage de l'intérim qui restait jusque-là confidentiel en Allemagne. Mais rien n'y a fait : dans la crise, les vieilles habitudes ont repris le dessus et les patrons n'ont pas osé renvoyer leurs salariés à la *Bundesagentur für Arbeit*, le Pôle emploi allemand. Et bien leur en a pris. Grâce à cela, le pouvoir d'achat des salariés et donc la demande intérieure ont pu être maintenus, contrairement à ce qui s'est produit en Espagne ou au Royaume-Uni. Ce qui a favorisé la reprise en 2010. Et quand les commandes étrangères sont rentrées de nouveau, les entreprises allemandes ont pu livrer immédiatement car elles n'ont eu besoin ni de recruter ni de former de nouveaux salariés.

S'il y a donc une leçon à tirer des succès allemands dans la crise, c'est qu'il faut oublier tout ce qu'on nous a raconté depuis trente ans sur l'urgente nécessité de flexibiliser davantage le marché du travail...

*La baisse des taux d'intérêt*

Les relativement bonnes performances économiques allemandes depuis 2008 s'expliquent enfin par un dernier facteur qui n'a lui non plus pas grand-chose à voir avec les réformes mises en œuvre par Gerhard Schröder et Angela Merkel : la baisse spectaculaire des taux d'intérêt.

Du fait de la fuite des capitaux des pays en crise vers une Allemagne réputée sûre, malgré sa dette élevée et sa population vieillissante, ces taux ont en effet nettement diminué entre 2008 et 2012. À 1,37 % pour les titres à dix ans émis par l'État fédéral en juillet 2012, ce sont en réalité, une fois l'inflation déduite, les investisseurs qui paient l'État allemand pour avoir le droit de détenir sa dette ! Entre 2008 et 2012, celui-ci a économisé grâce à cette baisse des taux 70 milliards d'euros sur les intérêts versés à ses créanciers. Davantage que les 55 milliards d'euros que Berlin s'est engagé à prêter à la Grèce, à l'Irlande et au Portugal, via sa quote-part dans le Fonds européen de stabilité financière (FESF). Pourtant, contrairement à ce qui se dit souvent outre-Rhin, il ne s'agit pas là de dons à fonds perdus, mais de prêts rapportant des intérêts substantiels, dont une grande part sera effectivement remboursée. L'opinion publique d'outre-Rhin considère volontiers que l'Allemagne serait seule à supporter la solidarité avec les pays en crise de la zone euro. C'est inexact : elle ne fournit que 27 % de cette aide contre 20 % pour la France ou 18 % pour l'Italie. De plus, elle a jusqu'à maintenant emprunté cet argent à taux quasiment nul pour fournir sa quote-part rémunérée aux alentours de 4 %, tandis que l'Italie devait, elle, emprunter à 5 ou 6 % pour ce faire…

Cet avantage déterminant en termes de taux d'intérêt ne concerne pas seulement l'État : un consommateur allemand pouvait s'endetter en juillet 2012 à taux fixe pour un à cinq ans à 5,3 %, contre 10 % pour son homologue espagnol ou 6,4 % pour un Français, selon les données de la BCE. De même, une entreprise allemande pouvait emprunter à un an à 2,3 %, contre 3,1 % pour son concurrent italien ou 5,8 % pour une société grecque... Bref, entre la baisse du taux de change de l'euro et celle des taux d'intérêt, l'Allemagne d'Angela Merkel a, littéralement, tiré profit de la crise de la zone euro et des difficultés que rencontraient les pays de l'Europe périphérique. Un état de fait qui n'a guère incité l'opinion publique et le gouvernement allemands à faire le nécessaire pour mettre un terme à cette crise. Il ne s'agit évidemment pas de prétendre qu'Angela Merkel traînerait sciemment les pieds afin que l'économie allemande continue de profiter d'un euro en baisse par rapport au dollar ou de taux d'intérêt réels négatifs, mais cet état de fait a ôté à notre voisin tout sentiment d'urgence face à la crise.

Il s'agit cependant d'un calcul à courte vue : le prolongement et l'aggravation de la crise européenne finiraient de toute façon par emporter aussi l'économie allemande, comme l'a souligné à juste titre l'agence de notation Moody's en plaçant la note du pays sous surveillance négative et comme on a commencé à le mesurer fin 2012.

### *Le fantasme de l'Allemagne sans l'Europe*

Même s'il est peu exprimé ouvertement, ces succès nourrissent en tout cas le fantasme qu'après tout l'Allemagne pourrait s'en sortir seule, sans la zone euro, l'Union européenne et ses innombrables lourdeurs. Au-delà des difficultés qui attendent le pays à cause de son évolution démographique et des effets délétères de la montée des inégalités et de la pauvreté, il n'y a guère de raisons de penser que le boom des pays émergents va se poursuivre au rythme effréné des années 1990 et 2000. La croissance chinoise a déjà ralenti fortement et ce mouvement pourrait bien être plus structurel que conjoncturel. De plus, les Chinois risquent de se mettre à produire eux-mêmes des automobiles de luxe et à les vendre non seulement dans l'Empire du Milieu mais aussi au reste du monde. Comme les Japonais avaient, en l'espace de quelques décennies, laminé une industrie automobile américaine tout aussi dominante et sûre d'elle que l'industrie automobile allemande l'est aujourd'hui. Le même genre de mésaventures pourrait se produire également dans les biens d'équipement : la quasi-disparition en l'espace de quelques mois du secteur allemand du photovoltaïque, dans lequel le pays avait beaucoup investi, n'en est probablement qu'un avant-goût. Bref, l'extrapolation au futur des succès passés est certes une des constantes de la psychologie humaine (et des erreurs qu'elle pousse régulièrement à commettre), mais Angela Merkel et ses compatriotes auraient tort de s'imaginer qu'ils seraient assurés d'un avenir radieux s'ils devaient perdre la protection que l'Union européenne et l'euro sont susceptibles d'apporter à leurs citoyens, même s'ils n'ont pas beaucoup fait jusqu'ici. Les Allemands gagneraient sans doute à méditer davantage sur les déboires des Japonais qui paraissaient eux aussi promis à un bel avenir à la fin des années 1980...

Conclusion

# L'impasse Schröder ou le *Green New Deal* ?

Nous voici donc arrivés au terme de cette visite guidée du « modèle allemand ». « François Hollande sera-t-il le Schröder français ? » Depuis mai 2012, les médias de l'Hexagone posent cette question avec insistance. J'espère être parvenu à convaincre le lecteur que ce ne serait pas forcément la meilleure façon de tirer des leçons utiles pour la société et l'économie françaises, des succès industriels de notre voisin.

Il ne fait aucun doute que l'industrie française va mal. Il en résulte en particulier une incapacité croissante à financer par nos exportations l'achat des smartphones, télévisions à écran plat et autres produits manufacturés que nous considérons comme indispensables à notre mode de vie mais qui ne sont plus produits sur le territoire français. En 2011, ce déficit en produits industriels avait atteint à lui seul 42 milliards d'euros, 2 points de PIB, alors que ce poste avait quasiment toujours été excédentaire dans les comptes extérieurs français jusqu'aux années 2000. Il convient de plus d'y ajouter 62 milliards d'euros de déficit pour acheter du pétrole, du gaz qui, eux aussi, proviennent désormais exclusivement de l'extérieur du pays. L'Hexagone est certes en contrepartie une des destinations touristiques les plus recherchées de la planète, mais le surplus de richesse que nous ont amené ces touristes en 2010 ne représentait jamais que 7,5 milliards d'euros, 0,4 point de PIB. Si on escompte que l'un puisse un jour compenser l'autre, il va nous falloir accueillir plusieurs dizaines de millions de touristes chinois, indiens, russes... supplémentaires.

Bref, il y a bien urgence. Et, dans ce contexte, évidemment, l'idée de s'inspirer de notre voisin a du sens. Même si ce type de démarche se révèle souvent décevant tant ce genre de succès résulte généralement d'un ensemble de facteurs, faisant système entre eux, très liés à l'histoire et de ce fait difficiles à reproduire. Il n'empêche, cela peut aussi parfois fonctionner : c'est en copiant l'organisation industrielle et les produits américains que le Japon a réussi son décollage spectaculaire après la Seconde Guerre mondiale. Et c'est aussi en suivant les pas de leurs frères ennemis japonais que les Coréens ont engagé le leur par la suite... Pourquoi n'en serions-nous pas nous aussi capables, qui avons déjà réussi, on l'oublie souvent, un *come back* industriel remarquable durant l'après-guerre, quand nous avions été en mesure de rassembler les forces du pays autour d'un tel projet ? D'autant plus que nous disposons, pour l'avenir, d'une main-d'œuvre plus jeune et plus abondante que celle de l'Allemagne.

Encore faut-il pour cela ne pas se tromper de diagnostic : ce n'est pas parce que Gerhard Schröder a accru nettement la pauvreté outre-Rhin et fait de l'Allemagne un pays plus inégalitaire encore que la France, que l'industrie allemande s'en sort mieux que la nôtre aujourd'hui. Les vraies causes de ce succès et les éléments du modèle allemand qu'il faudrait parvenir à acclimater se situent plutôt du côté de la codétermination et des pouvoirs étendus reconnus aux salariés dans les entreprises, d'un management moins autoritaire et hiérarchique, de la valorisation du travail industriel dans la société, d'une mobilité sociale plus forte dans un pays qui ignore nos fameuses grandes écoles, d'un système éducatif moins fondé sur la concurrence permanente et la sélection par l'échec, d'une organisation plus équilibrée des territoires...

Il nous faudrait aussi dégonfler la bulle immobilière qui plombe les budgets des ménages et des entreprises. La France est un pays très riche en effet : les Français sont les quatrièmes dans le monde en termes de patrimoine possédé par chaque adulte, derrière les Suisses, les Australiens et les Norvégiens, selon le Crédit Suisse (et on peut faire confiance aux Suisses dans ce genre de domaine...). Mais ce patrimoine est investi aux deux tiers dans la pierre : contrairement aux Allemands, nous privilégions la rente foncière plutôt que l'investissement productif. Une mauvaise habitude à laquelle il nous faut impérativement renoncer.

Au-delà de nos affaires franco-françaises, ce qui ne facilite guère les choses dans les débats européens, c'est que la plupart des Allemands attribuent eux aussi la bonne fortune actuelle de leur industrie à l'austérité de fer mise en place par Gerhard Schröder au début des années 2000. Raison pour laquelle ils tiennent absolument à imposer cette potion amère aux autres pays européens. Ce faisant, loin de résoudre la crise, les dirigeants allemands, soutenus sur ce terrain par leur opinion publique, la prolongent et l'aggravent en plongeant la zone euro dans la récession. Ce qui non seulement accroît le chômage, la pauvreté et les tensions sociales et politiques, mais empêche aussi toute dynamique de désendettement public. Une véritable tragédie grecque : l'attitude de l'opinion publique allemande est parfaitement compréhensible – nous avons souffert et c'est pour cela que nous allons mieux, il faut donc que vous acceptiez de souffrir à votre tour si vous voulez que nous vous aidions –, mais ses conséquences sont désastreuses pour l'Europe.

Se peut-il que les Allemands eux-mêmes se trompent à ce point sur les causes de leurs propres succès ? Oui. « Ce sont les hommes qui font l'histoire, mais ils ne savent pas l'histoire qu'ils font », disait très justement Karl Marx. Le passé regorge d'exemples de peuples qui ont activement soutenu des politiques erronées, contraires à leurs propres intérêts. Cela a été le cas en particulier en Europe après le krach de 1929, avec les conséquences que l'on sait. Un précédent qu'on aurait tort d'oublier : critiquant l'obsession « austéritaire » de ses concitoyens, Joschka Fischer, ancien ministre vert des Affaires étrangères d'Allemagne, rappelait (à juste titre) en mai 2012 qu'« il serait à la fois tragique et ironique que l'Allemagne réunifiée provoque pour la troisième fois, par des moyens pacifiques cette fois et avec les meilleures intentions du monde, la ruine de l'ordre européen[1] ». C'est un terrain sur lequel je dois cependant avouer un profond désarroi : bien que fréquentant l'Allemagne et les Allemands depuis plus de quarante ans, je n'ai pas la moindre idée du discours qu'il faudrait tenir pour réussir à les convaincre que le schrödérisme généralisé, loin d'être la solution pour l'Europe, est

---

1. Joschka Fischer, « L'amnésie allemande, un grave danger pour l'Europe », Project syndicate, 25 mai 2012, voir www.project-syndicate.org/commentary/the-threat-of-german-amnesia/french.

au contraire le plus sûr moyen de la condamner définitivement...

La seule carte qui me paraît peut-être jouable c'est celle de la conversion écologique de nos économies et de la transition énergétique. L'Europe est la zone la plus anciennement industrialisée au monde. Pour cette raison elle est aussi celle qui est la plus dépendante de l'extérieur pour ses approvisionnements en énergies fossiles et autres matières premières non renouvelables, dont les gisements sont largement épuisés sur son propre territoire. C'est pourquoi elle est aussi la plus affectée par les tensions croissantes sur les prix de ces produits, entraînées par le décollage des pays émergents. Il ne s'agit donc pas d'altruisme, de faire le bien de l'humanité ou des générations futures : l'économie européenne ne sortira durablement de sa crise actuelle que si elle est capable, ici et maintenant, d'accélérer sa conversion écologique et la transition énergétique malgré les graves difficultés qu'elle rencontre en matière de finances publiques.

Dans le contexte actuel, ce n'est évidemment pas au niveau national que nos pays pourraient, chacun pour son propre compte, engager un tel effort : la seule (petite) chance d'y parvenir se situe au niveau européen. Et il ne faudrait pas mégoter : pour être efficace, une telle action devrait avoir une tout autre ampleur que les maigres 120 milliards d'euros (sur trois ans) du « Pacte de croissance » arraché par François Hollande à Angela Merkel en juin 2012. C'est plutôt en milliers de milliards qu'il faudrait compter... Nous en sommes très loin aujourd'hui : la seule question que se posent les gouvernements des 27 à propos du futur budget européen pour la période 2014-2020 est en effet de savoir comment réduire encore les maigres 1 % de la richesse produite en Europe que nous avons chichement consenti à mettre en commun au bout de cinquante-cinq ans d'intégration européenne...

Il n'est néanmoins pas tout à fait impossible d'espérer convaincre l'opinion et les dirigeants allemands de mener un tel effort à l'échelle européenne. Les Allemands sont, en effet, très sensibilisés à ces questions, nettement plus que les Français : ce sont par exemple des écologistes qui gouvernent désormais le *Land* du Bade-Wurtemberg, cœur de l'industrie allemande, ainsi que sa capitale, Stuttgart, qui abrite le siège de Mercedes...

L'Allemagne a pris conscience, bien davantage que la France, de la gravité de la crise écologique et engagé des efforts considérables pour développer les énergies renouvelables, accroître l'efficacité énergétique de son économie ou encore recycler les matières premières. Raison pour laquelle son industrie maîtrise également bien mieux que les autres ces procédés et les machines qui permettent de les mettre en œuvre. L'Allemagne aurait donc toutes les raisons de considérer que son industrie serait la première bénéficiaire d'un *Green New Deal* européen, pour reprendre l'analogie avec le plan de relance qui avait sorti les États-Unis de la dépression dans les années 1930.

Cet effort aurait de plus un effet redistributif majeur au sein de l'Union européenne puisqu'il s'agirait en priorité d'aider les pays du Sud de l'Europe : la Grèce reçoit une fois et demie plus de soleil que l'Allemagne, mais elle produit pour l'instant cinquante fois moins d'électricité photovoltaïque... Cherchez l'erreur ! La Grèce est, en effet, avec la France, un des pays européens qui a fait le moins d'efforts jusqu'ici pour développer les énergies renouvelables. C'est cependant aussi cet aspect redistributif qui coince le plus quand on discute de ce genre de projets en Allemagne.

## CONCLUSION

Après les déboires de la bulle immobilière espagnole ou de la crise grecque, la plupart des Allemands doutent en effet de la capacité des appareils d'État grec ou espagnol à utiliser de façon efficace les aides européennes. Et il est difficile de leur donner tort sur ce point. Qu'à cela ne tienne : cela pourrait être l'occasion de créer un service public européen de la conversion écologique, chargé de mettre en œuvre directement, partout sur le territoire européen, ce grand plan commun de conversion écologique.

On est cependant très loin aujourd'hui d'un tel *Green New Deal* européen. Cette perspective paraîtra à bien des égards utopique, mais je tenais à la présenter en conclusion de cet ouvrage parce que ce projet est, à mon sens, le principal moyen d'espérer à la fois résoudre la crise économique que traverse l'Europe, relancer le processus d'intégration européenne et réintégrer au cœur de ce processus une Allemagne qui s'en est beaucoup détachée ces dernières années. Une dynamique très dangereuse pour ses voisins, mais aussi pour l'Allemagne elle-même.

# Sources

Pour ne pas alourdir cet ouvrage, les sources utilisées n'ont pas toutes été référencées sous forme de notes de bas de page. Vous trouverez ci-dessous les principales informations correspondantes.

## 1. LE MODÈLE ALLEMAND NE DATE PAS DE SCHRÖDER

**1.1. Il n'y a (heureusement) pas de Paris allemand**
Les éléments concernant populations et niveaux de richesse comparés par pays et par régions se trouvent sur le site d'Eurostat http://epp.eurostat.ec.europa.eu, ainsi que sur les sites respectifs de l'Insee pour la France, www.insee.fr, et, pour l'Allemagne, du *Statistisches Bundesamt* www.destatis.de.

**1.2. Un pays d'émigration sans colonies**
Les données concernant les différentes origines des Américains proviennent du *Census Bureau* des États-Unis, voir www.census.gov/compendia/statab/cats/population/ancestry_language_spoken_at_home.html. Les comparaisons internationales concernant les nombres d'immigrés et d'étrangers sont tirées des données de l'OCDE www.oecd.org/els/internationalmigrationpoliciesanddata/dioc.htm.

### 1.3. Quand les corporations font de la résistance

Les données concernant la comparaison de la couverture des salariés par les conventions collectives peuvent être trouvées sur le site www.worker-participation.eu. L'étude du *Deutsche Institut für Wirtschaftsforschung* (DIW) sur les bas salaires en Allemagne est accessible en anglais sur www.diw.de/documents/publikationen/73/diw_01.c.405506.de/diw_econ_bull_2012-07-1.pdf. Ceux qui s'intéressent au *Verband Deutscher Maschinen- und Anlagenbau* (VDMA) pourront consulter le site en anglais www.vdma.org/wps/portal/Home/en?WCM_GLOBAL_CONTEXT=/vdma/Home/en, et ceux qui veulent découvrir le *Fraunhofer Institut* pourront se rendre sur www.fraunhofer.de/en.html.

### 1.4. L'entreprise n'appartient pas qu'aux actionnaires

Les comparaisons internationales des différents régimes de participation des salariés à la gestion des entreprises sont accessibles sur le site www.worker-participation.eu. On trouve aussi sur ces questions, mais aussi sur beaucoup d'autres, de nombreux éléments dans la publication *Regards sur l'économie allemande* éditée par le Centre d'information et de recherche sur l'Allemagne contemporaine de l'Université de Cergy-Pontoise, voir www.cirac.u-cergy.fr.

### 1.5. La désinflation compétitive : une drogue dure

Les niveaux comparés d'inflation proviennent de la base de données Ameco de la Commission européenne http://ec.europa.eu/economy_finance/ameco.

### 1.6. Les hommes et les femmes : le retard allemand

Les données comparatives d'emploi et de temps de travail sont tirées des *Labour Force Surveys* d'Eurostat et sont accessibles sur http://epp.eurostat.ec.europa.eu/portal/page/portal/employment_unemployment_lfs. Les comparaisons hommes-femmes dans les différentes positions de pouvoir sont tirées de la base de données de la Commission européenne accessible sur http://ec.europa.eu/justice/gender-equality/index_en.htm. Les données concernant les temps de travail domestique proviennent de l'étude « Cooking, Caring and Volunteering : Unpaid Work Around the World » réalisée par Veerle Miranda pour le compte de l'OCDE et accessible sur www.oecd-ilibrary.org/social-issues-migration-health/cooking-caring-and-volunteering-unpaid-work-around-the-world_5kghrjm8s142-en.

### 1.7. Le diplôme ne fait pas tout

Les données concernant les comparaisons des systèmes scolaires proviennent pour l'essentiel de l'étude annuelle de l'OCDE, *Education at a Glance*, accessible sur www.oecd.org/edu/eag2012.htm, et des résultats des tests Pisa menés également par l'OCDE et présentés sur www.oecd.org/pisa.

### 1.8. Les Allemands et l'écologie : une vieille histoire

Les données comparatives concernant l'environnement et l'énergie sont issues d'Eurostat et sont accessibles sur http://epp.eurostat.ec.europa.eu, ainsi que de l'European environment agency (EEA), voir le site www.eea.europa.eu. On consultera aussi avec profit le n° 30 des *Cahiers de Global Chance* publié en novembre 2011 « L'énergie en Allemagne et en France : une comparaison instructive ». Il est accessible sur www.global-chance.org/spip.php?article50.

### 1.9. Un pays plus libéral qu'on ne le croit

« L'école de Fribourg, l'ordolibéralisme et l'économie sociale de marché », une présentation très synthétique de la doctrine et de l'histoire de ce groupe par François

Bilger, accessible sur www.blogbilger.com/esm/ecoledefribourg.pdf. Les comparaisons France-Allemagne utilisées dans ce chapitre, mais aussi plus largement tout au long de cet ouvrage, se nourrissent aussi beaucoup des travaux de l'économiste Arnaud Lechevalier, chercheur au Centre Marc-Bloch de Berlin, qui tient en particulier un blog sur le site d'*Alternatives économiques*, voir http://alternatives-economiques.fr/blogs/lechevalier.

## 2. LA RÉUNIFICATION ET SON COÛT : MYTHES ET RÉALITÉ

Les données économiques concernant cette période sont tirées pour l'essentiel de la base de données Ameco de la Commission européenne, voir http://ec.europa.eu/economy_finance/ameco et du *Statistisches Bundesamt*, voir www.destatis.de.

## 3. LE CAS SCHRÖDER : ANATOMIE D'UNE MYSTIFICATION

Le manifeste Blair-Schröder de 1999 est accessible sur le site de la Fondation Jean-Jaurès, voir www.jean-jaures.org/Publications/Les-etudes/Blair-Schroeder.-Le-texte-du-manifeste-les-analyses-critiques. Les données économiques concernant cette période sont tirées pour l'essentiel de la base de données Ameco de la Commission européenne, voir http://ec.europa.eu/economy_finance/ameco. Les données concernant le creusement des inégalités et le développement de la pauvreté proviennent d'Eurostat, voir http://epp.eurostat.ec.europa.eu/portal/page/portal/income_social_inclusion_living_conditions.

## SOURCES

4. LES VRAIES RAISONS DU REBOND DE L'ALLEMAGNE D'ANGELA MERKEL

Les données économiques concernant cette période sont tirées pour l'essentiel de la base de données Ameco de la Commission européenne, voir http://ec.europa.eu/economy_finance/ameco, et de celle d'Eurostat, voir http://epp.eurostat.ec.europa.eu. Les données d'emploi allemandes proviennent de la *Bundesagentur für Arbeit*, voir www.arbeitsagentur.de. Les comparaisons de coût du travail sont fournies par le *Bureau of Labor statistics* américain, voir www.bls.gov/fls. Les données du commerce extérieur allemand sont tirées du *Statistisches Bundesamt*, www.destatis.de. Enfin les données concernant les investissements directs étrangers proviennent de l'OCDE, voir www.oecd.org/daf/internationalinvestment/investmentstatisticsandanalysis/internationaldirectinvestmentstatisticsoecd.htm.

# Remerciements

Cet ouvrage résulte de la volonté d'intervenir dans le débat public sur la question du modèle allemand, si souvent maltraitée à mes yeux. Mais il est aussi le fruit de la relation étroite qui me lie personnellement à ce pays depuis plus de quarante ans maintenant.

Mes parents m'avaient incité à choisir l'allemand comme première langue vivante parce qu'ils tenaient à ce que notre famille contribue activement au rapprochement de nos deux peuples après les carnages du XX$^e$ siècle, bien que (ou parce que?) ma mère ait été d'origine juive. Et je les en remercie vivement. Il s'agit malheureusement d'un souci bien oublié de nos jours et d'un projet qui risque d'être profondément remis en cause par les politiques menées en Europe actuellement. La réussite de cette opération doit beaucoup à Bruno, mon correspondant allemand qui, à l'âge de l'adolescence, m'a permis de découvrir un pays en pleine ébullition : une Allemagne qui, au cours de la décennie 1970, se débarrassait avec entrain de la chape de plomb des années Adenauer. Aujourd'hui chômeur de longue durée et soumis aux contraintes de la loi Hartz IV, il est, malheureusement, une des nombreuses victimes de la politique mise en place par le chancelier social-démocrate Gerhard Schröder au début des années 2000. Et c'est une raison plus personnelle de m'insurger contre l'image très positive (mais fausse) qu'on donne en France actuellement de cette politique.

Cet ouvrage doit également beaucoup aux quatre années que j'ai passées, au cours de ma vie antérieure d'ingénieur, au sein de deux entreprises industrielles allemandes, à Francfort, dans le secteur de l'équipement automobile dans les années 1980, puis à Tübingen, dans celui des biens d'équipement au cours des années 1990. Ces expériences m'ont permis de mesurer de l'intérieur combien les succès de l'industrie allemande doivent à un mode de relations sociales, surdéterminé par les règles de la cogestion, qui diffère radicalement du management autoritaire et hiérarchique à la française. Beaucoup plus que le savoir-faire des ingénieurs allemands, c'est la fierté des ouvriers et le respect que la société marque à leur égard qui fait la différence entre nos deux industries. Ils ont permis le succès de l'une et entraîné le déclin de l'autre. J'ai été très heureux, en particulier, d'être associé par ce biais, même très modestement, à des moments clés du combat victorieux de l'IG Metall en faveur des 35 heures en Allemagne. Je remercie vivement mes collègues et amis allemands, Ulrike, Manfred, Margit, Harald, Alexander, Christine, Gerd, Bernd, Thomas, Markus… de tout ce qu'ils m'ont apporté au cours de ces années et de la compréhension qu'ils m'ont aidé à acquérir des ressorts profonds qui animent la société et l'économie de notre voisin.

Ce livre n'aurait pas pu voir le jour non plus sans la coopérative Alternatives économiques et son ancien dirigeant Philippe Frémeaux, qui m'ont permis d'approfondir régulièrement ces questions depuis dix-sept ans dans le cadre de mes activités de journaliste, puis de rédacteur en chef. Mais je suis également lourdement redevable à Thierry Pech, le PDG actuel d'*Alternatives économiques*, qui m'a non seulement invité à écrire cet ouvrage, mais a bien voulu aussi le relire et l'enrichir de ses remarques pertinentes. Ce livre doit enfin, *last but not least*, énormément à ma compagne Martine, qui, depuis de longues années déjà, supporte les contradictions insurmontables d'un chaud partisan de la réduction du temps de travail qui s'avère totalement incapable de la mettre en œuvre au niveau de sa vie personnelle. Une contradiction qui atteint évidemment des sommets lorsque la rédaction d'un ouvrage s'ajoute à la surcharge chronique des tâches ordinaires…

# Table

**Introduction. Un modèle, sans doute, mais lequel ?**........ 7

**1. Le modèle allemand ne date pas de Schröder**............ 11

    1.1. Il n'y a (heureusement) pas de Paris allemand....... 11
    1.2. Un pays d'émigration sans colonies...................... 22
    1.3. Quand les corporations font de la résistance.......... 29
    1.4. L'entreprise n'appartient pas qu'aux actionnaires.. 39
    1.5. La désinflation compétitive : une drogue dure....... 53
    1.6. Les hommes et les femmes : le retard allemand..... 61
    1.7. Le diplôme ne fait pas tout................................... 76
    1.8. Les Allemands et l'écologie : une vieille histoire... 89
    1.9. Un pays plus libéral qu'on ne le croit.................... 100

**2. La réunification et son coût : mythes et réalité**.......... 117

    2.1. La surprise de la réunification............................... 118
    2.2. Une OPA de l'Ouest sur l'Est................................ 121
    2.3. Un processus coûteux mais aussi profitable........... 128
    2.4. Un coût élevé pour le reste de l'Europe................. 132
    2.5. Un pays « normal »............................................... 136

**3. Le cas Schröder : anatomie d'une mystification**........ 139

    3.1. Qui est le vainqueur d'Helmut Kohl ?..................... 140
    3.2. Un premier mandat peu convaincant..................... 150
    3.3. L'Agenda 2010 et ses (lourdes) conséquences....... 154
    3.4. Un bilan globalement négatif................................. 161

**4. Les vraies raisons du rebond de l'Allemagne d'Angela Merkel**............................................................. 175

    4.1. Merkel n'a fait que corriger les dégâts de Schröder............................................................. 176
    4.2. Les avantages (provisoires) du vieillissement......... 183
    4.3. Les bénéfices de la chute du Mur.......................... 193
    4.4. L'explosion de la demande des pays émergents..... 199
    4.5. L'Allemagne d'Angela Merkel a tiré profit de la crise de l'euro................................................. 209

**Conclusion. L'impasse Schröder ou le *Green New Deal* ?..** 215

**Sources**................................................................................ 223

**Remerciements**.................................................................. 229

RÉALISATION : IGS-CP À L'ISLE-D'ESPAGNAC
IMPRESSION : CPI FIRMIN-DIDOT AU MESNIL-SUR-L'ESTRÉE
DÉPÔT LÉGAL : JANVIER 2013. N°10977-7 (118387)
– *Imprimé en France* –